作 者
聞黎明

聞一多：涅槃的鳳凰

序言

　　一個世紀偉人的銅的、石的，圓雕的、浮雕的，全身的，半身的塑像，在北京清華大學風光綺麗的荷塘畔，在瀕臨東湖的武漢大學珞珈山上，在具有光榮傳統的雲南師範大學校園裏，和在海濱城市青島、偎依長江的浠水、邊陲重鎮蒙自，相繼聳立起來。人們用各種方式緬懷的這個人物，就是聞一多。

　　聞一多是我國著名詩人、學者和民主鬥士。1899年11月24日，聞一多誕生於湖北省蘄水縣（今浠水縣）巴河鎮望天湖畔一個詩書傳世的地主家庭。1912年冬，考入北京清華學校，1922年夏赴美留學。1925年秋回國後投身教育事業，歷任北京藝術專門學校、上海吳淞政治大學、南京中央大學、武漢大學、青島大學、清華大學、西南聯合大學等校教授，擔任過教務長、文學院長、中文系主任等職。1944年秋，聞一多加入中國民主同盟，隨即當選為民盟雲南省支部委員，並擔任文化工作委員會主任委員、宣傳委員會主任委員、民主週刊社社長等重要職務。在1945年10月召開的民盟臨時全國代表大會上，他又當選為中央執行委員會委員。1946年7月15日，他在光天化日之下慘遭國民黨特務殺害。

　　聞一多是中國知識份子的傑出代表，「聞一多的道路」已經成為中國知識份子走上新民主主義革命道路的同義語。

在中國近代史上，聞一多以熱烈的愛國激情聞名於世，這一點首先表現在新詩創作和新詩理論方面。他曾說：「詩人的主要天賦是『愛』，愛他的祖國，愛他的人民。」為此，他主張詩人「要時時刻刻想著我是個中國人，我要做新詩，但是中國的新詩」，而「並不要做西洋人說中國話」。他希望在學習西方文化的同時，要努力推進和繁榮東方文化。在這種思想支配下，他參與並發動了新詩格律化運動，並提出和闡述了新詩應具有音樂美、繪畫美、建築美的「三美」理論，成為開一代詩風的先驅之一。

聞一多生活的時代，是一個充滿了疾風暴雨的轉型時代。他的一切思想都浸透著憂國憂民意識，一切活動都與救亡圖存緊密相關。五四運動中，他作為清華學生代表出席全國學生聯合會成立大會，聆聽了孫中山講演。其後，他在「民主與科學」的思想影響下，致力於文化改良。留學美國的三年裏，他積極參加「對內實行改造運動，對外反對列強侵略」的國家主義活動。在履行知識份子的神聖職責中，他的精力繼續集中在文化方面。他說：「我國前途之危險不獨政治、經濟有被人征服之慮，且有文化被人征服之禍患。文化之征服甚於他方面之征服千百倍之。」他的《太陽吟》、《發現》、《一句話》、《醒呀！》、《七子之歌》、《愛國的心》、《我是中國人》、《洗衣歌》等大批愛國詩篇，之所以那麼驚心動魄，就在於它們突出體現了反帝和愛國這一時代的主旋律。

聞一多對於學術的貢獻，鞏固了他在中國文化史上的地位。他的理想是寫一部「詩的史」或「史的詩」，希望通過文學這個視窗，總結中國古代燦爛的思想與文化。從1927年進入學術園地起，研究觸角很快廣涉上古文學、金文考古、詩經、楚辭、諸子百家、樂府、唐代文學等諸多領域。他的400餘萬字論著，以其考索賅博、新見疊出，成為中華文化優秀遺產的組成部分。更重要的是，他的研究在繼承了傳統樸學注重名物訓詁考據的基礎上，廣泛吸取了

現代西方的文字學、語言學、歷史學、考古學、社會學、民俗學、文化人類學、心理學等新理論新方法，從而在神話、詩經、楚辭、莊子、唐詩等領域取得了一系列突破性的成果。這種開拓性與創造性，使聞一多的研究能夠長期保持旺盛的活力，並對當代學術發展產生了深遠影響。

抗日戰爭爆發後，聞一多隨清華大學南遷長沙，又輾轉到昆明。他的情趣與志向，本是得天下英才而育之，因此專心於培養抗戰建國人才。但是，國民黨消極抗戰、反共反人民的政策，重新燃起了他心中的「火山」。終於，他擺脫了正統觀念的束縛，超脫了舊有意識形態的羈絆，在大學課堂上讚揚解放區詩人田間為「時代的鼓手」。不久，又宣佈「經過十餘年故紙堆中的生活，我有了把握，看清了我們這民族這文化的病症，我敢於開方了」。於是，他拍案而起，指出「現在只有一條路——革命！」呼籲「不僅要做新詩，更要做新的詩人」，要求「文學和政治打成一片」。支持青年人不妨「鬧一鬧」。於是，他積極贊成建立民主聯合政府，高喊「袁世凱沒有死」、「要民主就必須打倒獨裁」，強調知識份子要改造自己，主張群眾運動應轉變為有組織的政治鬥爭。人們看到，聞一多已從不問政治的詩人學者，變成了為民主而吶喊戰鬥的「獅子」，成為「昆明的魯迅」。

日本投降後，爭取和平成為新時期民主鬥爭的中心任務。1945年底，聞一多積極參加反對內戰運動，為「一二一運動」的勝利做出了重要貢獻。政協五項協議達成後，他曾一度準備回到書齋繼續從事學術研究。但是，國民黨很快撕毀了協議，聞一多投入捍衛政協原則和政協精神的鬥爭。

1946年7月11日，民盟中央委員李公樸在昆明遭到國民黨特務暗殺，社會盛傳黑名單上第二個就是聞一多。人們紛紛勸他避避風頭，但是他早已將個人生死置之度外。15日，聞一多在李公樸殉難

報告會上發表了震撼人心的《最後一次的講演》，他強調：「李先生倒下了，他的血要換取政協會議的重開」，「我們不怕死，我們有犧牲的精神，我們隨時像李先生一樣，前腳跨出大門，後腳就不準備再跨進大門。」這個講演表達了中國人民要求和平民主、反對內戰的堅強決心，贏得了一陣又一陣的熱烈掌聲。當天下午，聞一多主持記者招待會後，與前來接他的長子聞立鶴一起回家。離家門只有十多步時，突然槍聲大作，聞一多後腦、胸部、手腕連中十餘彈，當即倒在血泊中。聞立鶴也身中五槍，腿被打斷，肺部滿是槍眼。

聞一多的殉難，激起了中國人民和全世界愛好和平人士的極大憤怒，它推動一個更為廣闊的民主運動席捲全國。聞一多的名字，永垂在中國歷史的卷冊上。

1998年9月23日　北京

聞一多：涅槃的鳳凰

目次

第一章　家世與童年

奔騰不息的滾滾長江，養育了無數英傑。1899年11月24日（清光緒二十五年十月二十二日），聞一多就出生在長江邊上的湖北省蘄水縣（今浠水縣）巴河鎮望天湖畔一個耕讀世家。

據家譜記載，浠水聞氏的先祖是南宋民族英雄文天祥的後人。宋景炎二年（1277年）文天祥抗元失敗，家屬中有人逃脱，潛至蘄水，為延綿宗祀，遂改「文」為「聞」，以遮耳目。[註1]這種説法流傳甚久，聞一多在清華求學期間曾做過考證，卻未能解決。上個世紀末，浠水聞一多紀念館派人做專門調查，終於在文天祥堂兄文天禎後裔保存的《文氏宗譜》中，發現記錄自西周文氏受姓至天禎、天祥二公七十一世系的《江右統宗世系》裏有「文良輔」之名，其下記「世系未詳」四字。浠水聞氏一世祖為「聞良輔」，其與「文良輔」除姓氏同音不同字外，

聞一多故鄉門前的望天湖

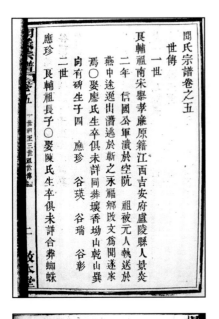

敦本堂1916年刻《聞氏宗譜》中關於浠水聞氏與文天祥關係的記載

名字則完全相同，據考，他們很可能就是一個人。如果這樣，浠水聞氏便與文天祥同宗同祖，只不過聞一多是文天祥堂兄文天禎的直系後裔，而非文天祥的後裔。[註2]不過，文天祥的愛國精神與民族節氣，在這個家族裏始終受到極高的崇敬與膜拜。

聞家是當地望族。祖父聞子淦尤嗜書，而且特別重視教育，家中稍裕便「廣鳩群籍，費不貲，築室曰『綿葛軒』」。[註3]父親聞邦本，又名廷政，屬於中國遭受帝國主義侵略屈辱年代裏成長起來的知識份子。戊戌維新之際，這位以史論入庠的秀才，常與兄弟們聚在一起議論形勢，贊成新政。這樣，聞一多幼年接受啟蒙教育的同時便受到愛國愛民意識的薰陶。

在新式學堂流行起來的時候，祖父將私塾改成「綿葛軒小學」，請畢業於師範學堂的王梅甫教自家子弟，例課之外，也授國文、歷史、博物、修身等課程。聞一多少年老成，讀書很用功，門外來了花轎或龍燈，別的

孩子都跑出去看，他卻能安心看書不受干擾，所以經常受到祖父誇獎。晚上，聞一多還要隨父親讀《漢書》，一次，他「數旁引日課中古事之相類者以為比，父大悅，自爾每夜必舉書中名人言行以告之」。[註4]這些基礎教育雖然枯燥，但對聞一多的一生很有價值，日後他由習美術而順利轉攻學術，便受益於這種童子功。這個四世同堂大家庭專門辟有書房，收藏了不少字畫，聞一多在觀摩父輩作畫時，也對繪畫產生了興趣。舞臺人物、古書繡像，都成為他筆下的形象。這種發於自然的塗鴉，為他走上藝術之路提供了門徑。

1910年，聞一多和六個堂兄弟一起來到武昌求學。當時，湖北在洋務派大員張之洞經營下開辦了一批新式學堂，其規模在全國首屈一指。聞一多考入的兩湖師範學堂附屬高等小學校，便是這所頗有名氣學堂的附屬學校。

在武昌讀書時期，聞一多經歷了具有劃時代意義的辛亥武昌起義。當槍炮聲在城牆上響起

圖上：聞一多的父親聞邦本，清末秀才
圖下：聞一多的母親劉氏

時，他們幾個兄弟非但沒有驚恐，反而有種說不出的興奮。不知受什麼人的慫恿，剛剛12歲的聞一多竟學著革命黨人的樣子把頭後的辮子也剪去了。不久，北洋政府軍隊反撲武昌，戰火蔓延時聞一多避難返回家鄉。回到家裏，人們關心地問起武昌發生的事情，他像凱旋的戰士一樣，一遍又一遍地訴說著所見所聞。他還畫了許多類似連環畫的圖畫，貼在牆上讓大家觀看。其中一幅圖上有個手執小旗振臂高呼的小人，意思是擁護共和。

浠水巴河鎮望天湖畔的聞一多故居（聞一多的侄子聞立法根據記憶繪製）

>>> **注釋** ---

註1：聞盛桂、聞盛榛、聞盛楷、聞大勳撰：《總理族譜序》，《聞氏宗譜》第1卷第42頁，敦本堂1916年刻本。

註2：參見龔成俊、朱興中、王潤《關於改「文」為「聞」的考證》，陸耀東、趙慧、陳國恩主編《聞一多國際學術研討會論文選》第290至295頁，武漢大學出版社2002年1月出版。

註3：《聞多》（自傳），刊于清華學校1921級中等科畢業級刊《辛酉鏡》，清華學校1917年6月印行。

註4：《聞多》，刊于《辛酉鏡》。

第二章　負笈清華園

考入清華學校

1912年，中華民國開元之年，聞一多重新回到武漢，就讀於民國公校。可能家裏希望讓他走實業之路，不久又送他去實修學校。

這年夏天，父親在省教育司門前看到清華學校招生啟事，説招收四名15歲以下高小學生入中等科一年級，入學後不僅學費、膳費、宿費全免，而且八年後還全部資送美國留學。聞廷政看了很動心，決定送聞一多報考。初試在武昌舉行，科目有歷史、地理、算學、英文等，聞一多成績平平，但《多聞闕疑》作文用了當時最時興的梁啟超的筆法，深得主考稱讚，遂以備取第一名取得復試資格。[註1]

清華學堂

冬天，聞一多在哥哥陪送下來到北京，復試後以鄂籍第二名正式錄取。從此，剛滿13歲的聞一多遠離家鄉與親人，開始了長達十年的清華園求學生活。

　　清華學校是美國用「退還」的部分庚款辦起來的留美預備學校，故對英文非常重視。聞一多的中文成績雖然優秀，但沒學過英文，加之入學時距大考僅一個月，來不及補習，於是1913年暑假前決定自動留級。秋後，聞一多重新從中等科一年級讀起，該級高等科畢業為1921年，即辛酉年，故習稱「辛酉級」。

　　辛酉級最初共73人，後來成名的有瞿世英、羅隆基、吳澤霖、潘光旦、何浩若等、楊廷寶、浦薛鳳、吳國楨等是此後的插班生。在這些人中，有一年清華經歷的聞一多顯得特別活躍，開學兩個月，便和另一位同學共同倡議成立起以「磨厲道德，交換智識而聯絡感情」為宗旨的「課餘補習會」，並被推選為副會長。三個星期後，聞一多又擔任了課餘補習會刊物《課餘一覽》的主編，這是他第一次編輯刊物，年僅14歲。

1913年清華學校辛酉級中等科一年級合影，四排左二為聞一多

《課餘一覽》分言論、科學、文藝、小說、雜俎、紀事六類，其第二期上刊登的《名譽談》，是迄今所知聞一多的第一篇論説文。該文的主旨是反對知識份子獨善其身，提倡讀書人要不斷進取，為社會做貢獻。這篇習作雖是聞一多的初試，卻反映了他的早期人生觀。

清華學校課程分西學、國學兩部，由於西學課程與留學密切，學校和學生都很重視；國學則相反，不僅安排在下午，

聞一多14歲時發表的《名譽談》

而且即使不及格亦可照樣出洋，結果某些人經常在國學課上演出鬧劇。聞一多對此很看不慣，他在一篇文章中寫到：「國於天地，必有與立，文字是也。文字者，文明之所寄，而國粹之所憑也。希臘之興以文，及文之衰，而國亦隨之。羅馬之強在奧開斯吞，及文氣薾敝，禮淪樂弛，而鐵騎遂得肆其蹂躪焉。」聞一多認為：現在倡新學、習新務，是我輩之職，若不重視國學，何能「窺其堂奧」。註2

正課之外，聞一多非常重視閱讀古代典籍。升入高等科後，儘管功課繁重，他仍制定了一個兩年的讀詩計畫。他日記中寫到：「近決志學詩，讀詩自清、明以上，溯魏、漢、先秦。讀《別裁》畢，讀《明詩綜》，次《元詩選》、《宋詩選》，次《全唐詩》，次《八代詩選》，期於二年內讀畢。」註3

1916年《清華週刊》第74期封面，聞一多的《二月廬漫記》15篇自此期開始連載。

聞一多在《二月廬漫記》中對浠水聞氏家族的考證

每年夏季回鄉度假的兩個月，是聞一多集中精力大量讀書的時光。他把家的書房起名為「二月廬」，所作札記亦名《二月廬漫記》。讀書時，他嫌一般書桌不夠寬大，便把裁縫做衣服用的案板當書桌，上面堆滿了各類書籍和稿紙。武漢一帶素有「火爐」之稱，聞一多雖「揮汗雨注」，仍「披覽不輟」。某日傍晚讀書時，一條蜈蚣爬到腳上，「家人乍見呼汝，罔顧，代而驅之，汝反訝其擾」。[註4]家裏人責備他是「書癡」，他卻說自己「呂端大事不糊塗」。[註5]在他影響下，弟弟聞家駟也讀起《史記》、《漢書》、《古文辭類纂》、《十八家詩鈔》等一類書籍。[註6]在家鄉，他還常常輔導侄兒們做文章，把自己的牙刷牙膏鏡子梳子獎給文章做得好的人。[註7]

在中等科時，聞一多熱衷於戲劇編寫與演出。1913年他在歌頌武昌起義的《革命軍》中扮演革命黨人。

1913年11月演出《革命軍》
後留影，右一為聞一多

1913年12月《打城隍》演出後
合影，前排右二為聞一多

清華中等科的聞一多

　　1916年9月，在為慶祝雙十節而舉行的全校戲劇化裝競賽中，辛酉級在聞一多的主持下，獲得第一名。

　　1917年，聞一多中等科畢業前夕，聞一多擔任辛酉級級史《辛酉鏡》的總編輯。

　　《辛酉鏡》收入了聞一多的許多早期作品，迄今存的唯一自傳《聞多》，就刊登在這部書中。

《蓬萊會》獲清華全校化裝競
賽最優獎後的合影，後排右二
為聞一多

《辛酉鏡》全體編輯合影，後排倚樹者
為聞一多

圖左：自傳《聞多》
圖右：聞一多、楊廷寶
　　　等人繪製的《辛
　　　酉鏡》封面

「五四」錘煉

中等科畢業時留影

作為新民主主義開端的五四運動，是中國人民奮起反抗帝國主義與封建主義的偉大運動。五四運動對成長中的青年影響尤大，聞一多在這場鬥爭中經受了前所未有的鍛煉。

自鴉片戰爭以來，中國知識份子心中就孕育著一種憂患意識。進入民國後，社會性質並未發生根本變化，帝國主義列強對中國侵略與掠奪更為加緊，民眾的憂國憂時情緒也與日俱增。隨著聞一多一天天長大，這種憂患意識也漸漸形成。辛酉級中等科圍繞「革命人才比建設人才對國家造益較大」、「歐戰對於世界文明進化有無損害」、「今日中國實業家與教育家孰為尤要」、「歐戰能否促進文明」、「實業家與教育家對於現今中國孰為尤要」、「國家富強在政歟抑在人歟」等演說辯論，就反映了他們這一代青少年正在思考的問題。1915年11月初，辛酉級舉行了一次「演裝國會」，摹仿議會進行辯論，議題為「日本下哀的美敦書要求中國將南滿歸併日本，中國宜取如何行動」。會上，分為假想兩派，一主戰，一主和，討論的核心問題是怎樣對待日本提出的欲吞併中國的「二十一條」。24日，他們再次舉行辯論，聞一多充任「國會主席」。這些演說與辯論的目的在於練習口才，並非主張之爭，然而卻也反映了一代青少年的所思所慮。這種強烈的歷史責任

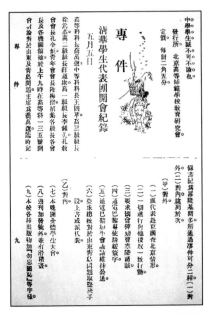

圖上：聞一多參與撰寫的《清華代表團開會記錄》，這是清華學校在五四運動中的第一篇文獻

圖下：聞一多為1921年《清華年刊》繪製的插頁

感，在五四運動中表現的尤其明顯。

1919年5月4日是星期天，清華學校因在郊外，並不知道白天城內集會遊行和火燒趙家樓的情況，直到晚上，從城裏返校的同學才把消息帶回來。已是高等科二年級學生的聞一多聽後，立刻揮筆抄下岳飛的《滿江紅》，用那氣壯山河的詞句抒發自己的憤怒。次日，清華園沸騰了，高、中兩科科長與各級級長、各社團責任人開會討論開展愛國運動辦法。聞一多是《清華學報》中文編輯，又是「新劇社」主要責任人，故而出席了這個57人的會議，並與羅隆基擔任了會議臨時書記。當晚，全校學生開大會，除報告形勢外，還成立了領導全校愛國運動的「學生代表團」。會上，聞一多與羅隆基、潘光旦、吳澤霖、何浩若、黃鈺生等當選為這個機構的成員。

5月7日，清華學生代表團正式成立，這是清華成立後第一個自發性的學生領導機構。文筆犀利，思路敏捷的聞一多，

分工擔任中文書記，負責起草各種文書和宣傳品。清華學校在五四
運動中的最早文獻——《清華學生代表團開會記錄》，就是他和潘
光旦等共同起草的。9日，全體同學開會紀念「五九」國恥，聞一多
在會上報告了代表團的組成情況，並與全校同學莊嚴宣誓：「口血
未乾，丹誠難泯，言猶在耳，忠豈忘心。中華民國八年五月九日，
清華學生從今以後，願犧牲生命，保護中華民國人民土地主權。此
誓。」註8當時，社會上有人認為一切可以通過法律解決，說學生怒
打章宗祥也違法，安福系機關報《公言報》更是公開為賣國行徑辯
護，竟說這是布爾什維克的騷擾。聞一多十分氣憤，他在5月17日給
父母親信中寫道：「國家至此地步，神人交怨，有強權，無公理，
全國瞢然如夢，或則敢怒而不敢言。賣國賊罪大惡極，橫行無忌，
國人明知其惡，而視若無睹，獨一般學生敢冒不韙，起而抗之。雖
於事無大濟，然而其心可悲，其志可嘉，其勇可佩。」註9

五四運動期間聞一多致父母親的信

六三運動後，上海工人掀起罷工高潮，全國愛國運動的中心也轉移到上海。為了加強各地學生的聯繫，6月16日全國學生聯合會在上海成立。學聯成立後，立即召開常會，討論具體開展愛國運動的辦法。清華非常重視學聯工作，先派羅發組出席成立大會，接著又派聞一多、羅隆基、錢宗堡、陸梅僧四代表赴滬，組成清華代表團。會議期間，聞一多擔任學聯《日刊》編輯，當時他患

聞一多為1921年《清華年刊》繪製的插頁

有嚴重的牙病，四五天吃不下飯，只能把麵包泡在牛奶中強咽。7月24日，學聯舉行宴會餞別會長段錫朋，肴核羅列，可他「僅能茹其漿而已」。當時，三哥將歸鄉，約他同行，但他想到「日刊仍繼續出版，以資鼓吹」，「責任所在，義不容辭」，[註10]依然堅持工作，不肯稍歇。

學生運動常常虎頭蛇尾，這次學聯大會同樣缺乏長遠目標。對此，聞一多認為「自會務開幕以來，所稱成績者數紙文電而已，從未有偉大之建議，根本之維持」。為了便於長期聯絡，聞一多等清華代表主張建立一個永久的學聯會所。7月29日，他們鄭重向學聯評議會提出《統一建築會所辦法案》，獲得通過。這個提案的動機是真誠的，聞一多甚至打算「輟學一載，遊行國內，演講勸募」。

1919年7月，聞一多在上海出席全國學聯大會期間，與部分代表的合影。後排右三為聞一多

後來，他曾到常熟一帶募捐，可惜除了留下一些詩作外，沒有什麼收穫。

　　就在這次學聯大會上，聞一多見到了孫中山。8月5日，學聯閉幕式上，孫中山出席講演，他根據個人十幾年的鬥爭體會，認為「現在中國最大弊病在不能統一」，「以革命經驗而言，其弊亦複在乎不統一」，因此「望學生能力圖統一，以促進人民之團結。知有國家而犧牲個人」。註11聞一多對孫中山的演講尚缺乏深刻理解，後來在反帝和統一問題上，他也認為前者更重要。不過，這次見面給他的印象終生難忘。

嘗試社會改良

　　五四運動是一次反帝愛國運動，也是一場思想解放運動和新文化運動。經歷了五四運動的聞一多，受到社會思潮影響，開始關注社會改良。

　　聞一多自幼喜好美術，入清華後又受到美籍圖畫教師的指導，炭畫和水彩畫都很有長進。中等科時，人稱他的水彩畫「善露陽光，有燦爛晴日之景象」。註121915年6月，清華學校舉行三育成績評比，他的圖畫被評為本級第一，有的作品還選送參加了巴拿馬博覽會，學校也多次指定他擔任《清華週刊》的美術編輯。

清華學生圖畫作品展覽室

1918年《清華年刊》美術
編輯合影，右一為聞一多

　　升入高等科後，課程中不再安排美術課，聞一多在美術教師的
支持下，於1919年9月與楊廷寶、方來等愛好美術的同學發起成立
了「美術社」，繼續練習繪畫。美術社除了習畫外，也重視理論探
討，每個月都開會交流研究心得。到1920年，成員從20多人增加到
50多人，高士其、梁思成、唐亮等低班同學也惠然參加。

清華美術社合影，三排右三為聞一多

　　美術社誕生於五四運動之後，它的活動受到民主與科學的影響。以愛好為出發點，聞一多進一步思考了美術與社會進步的關係，寫下《建設的美術》、《徵求藝術專門的同業者底呼聲》等。他認為：「人類從前依賴物質的文明，所得的結果，不過是一場空前的怵目驚心的血戰，他們於是大失所望了，知道單科學是靠不住的，所以現在都傾向於藝術，要庇托於她的保護之下。中國雖沒有遭戰事的慘劫，但人們的生活底枯澀、精神的墮落，比歐洲只有過之無不及，所以我們所需要有當然也是藝術。」這些論述反映聞一多受到蔡元培「以美育代替宗教」觀念的影響，故將藝術的作用放大了，以致聲稱「藝術就是改造社會的急務」。不過，在如何改造藝術問題上，聞一多並不贊成梁漱溟的反思方法。他說：「我們談到藝術的時候，應該把腦筋裏原有的一個舊藝術底印象掃去，換上一個新的、理想的藝術底印象。這個藝術不是西方現有的藝術，更不是中國的偏枯腐朽的藝術底僵屍，乃是熔合兩派底精華底結晶體。」註13顯然，聞一多非常重視人類精神改造，這在當時不失進步意義，可見他已從藝術和文化著手進行改良活動了。

《美司斯宣言》

聞一多對藝術的追求越來越深，他希望成立一個社團專門進行這方面的研究。這個想法得到浦薛鳳和梁思成的贊成，1920年12月，他們三人發起了一個名為「美司斯」的組織。「美司斯」是希臘神話中九位司掌文藝和科學的女神Muses的音譯，以它作為名稱，表明了這個團體的性質。由聞一多參與起草的《美司斯宣言》指出：「我們深信人類底進化是由物質至於精神，即由量進於質的。生命的量至多不過百年，他的質卻可以無限度地往高深醇美底境域發展。生命底藝化便是生命達到高深醇美底鵠的底唯一方法」。它還宣稱：「我們既相信藝術能夠抬高、加深、養醇、變美我們的生命底質料，我們就要實行探搜『此三味』，並用我們自己的生命作試驗品。」[註14]美司斯的成立大會相當隆重，梁啟超、陳師曾、吳新吾、江少鶼、劉雅農等名流也到會祝賀並演講，大師們的支援對他們自然是一種精神上的巨大鼓勵。

從事文化改良的同時，聞一多還將視點投向某些社會問題。1920年3月中旬，他與潘光旦、吳澤霖、聞亦傳發起了一個交流報告、討論社會問題的組織。為了與別的社體聯繫，這個團體定名為「⊥社」。這個名字有兩個意思：一，「⊥」為古語中的「上」字，藉以時時上進自勉；二，「⊥」乃古代數目之「六」，當時會員恰好六人。⊥社關心的問題較廣泛，暑假前完成的150多頁報告，

⊥社合影，後排左二為聞一多

涉及歷史、美學、文學、農業、娼妓、經濟、哲學等。屬於問題討論的，則有稱謂姓氏、校內公益、服飾等。

　　當時，有人提倡廢除別名與號，主張一人一名，聞一多竭力回應，取消原來的「友三」和「友山」的號與別號。他入校時註冊用的名字為「聞多」，可連姓帶名一起稱呼有些不禮貌，於是潘光旦、吳澤霖建議他在「多」前加個「一」字，聞一多立即採納了。註15

　　⊥社成立不久，成員們便感到純粹地知識互助難以滿足精神上的饑荒，於是暑假時把注意力轉移到倫理主義、基督教等方面。聞一多本來主張以美育代替宗教，此時讀了《聖經》，又覺得美育可以輔進宗教，並主張人人都應信奉和擴散基督教的善惡道德觀、與人為善、社會服務、平等待人等等思想。正是為此，他們幾個人都加入了基督教。不過，他們堅持一定要在中國教堂請中國牧師做洗禮，認為基督教義應該由中國人自己結合中國情況進行宣傳，無須由外國傳教士包辦。註16

　　與上述討論相比，⊥社對於校風改良更為重視，成立一個月時，便討論了「如何補救清華學生底細則」。當時，有兩個學生不知從什麼渠道弄來《黑手盜》、《毒手盜》之類的兇殺情殺影片，

每週一次連續放映。這些誨淫誨盜的內容，對人們的精神健康有損無益，有個美籍教師的兒子，就是看了這些電影竟仿照片中方法偷竊別人的財物，引起全校公憤。正是如此，⊥社10月23日開始討論「電影在清華的勢力」和「改良清華電影底計畫」兩個問題。

11月12日，聞一多的《黃紙條告》作為⊥社向電影宣戰的第一炮，在《清華週刊》發表。它以素描寫法，用諷刺與反問的文字描述了這類電影的不良作用。接著，他又寫下《電影是不是藝術》，以藝術的眼光對電影進行了批評。他表示「深信生活的唯一目的只是快樂」，但是「禽獸底快樂同人底快樂不一樣，野蠻人或原始人底快樂同開化人底快樂不一樣。在一個人身上，口鼻底快樂不如耳目底快樂，耳目底快樂又不如心靈底快樂」。[註17]而電影所供給的只是一種虛偽的、暫時的快樂。這些話雖然不免偏激，卻是針對現實而發。其實聞一多也沒有全盤否認電影，他說：「看電影時往往能得一種半真半假的藝術的趣味」，「電影底本質不是藝術，但有『藝術化』底權利」，只是「他剛受了一點藝術化，就要越俎代庖，擅離教育的職守，而執行娛樂的司務，那是我們萬萬不准的」。[註18]

與此同時，⊥社的一批研究成果也相繼發表，從而在清華園引起了一場熱烈討論。後來，學校決定對放映電影採取「一減少，二替代，三改良」的方針。

清華高等科畢業前夕留影

辛酉級高等科級會委員合影，左起前排為何浩若、錢宗堡、聞一多；後排為羅隆基、吳澤霖、時昭澤、沈宗濂

1921年《清華年刊》圖畫部美術編輯合影，居中者為聞一多

被迫留級

　　1921年春節過後，聞一多進入畢業前的最後一個學期。這個學期，他擔任了辛酉級高等科畢業紀念刊物（即1921年《清華年刊》）的編輯，工作十分繁忙。

清華辛酉級高等科畢業前合影，三排左二為聞一多

聞一多為1921年《清華年刊》創作的部分插圖

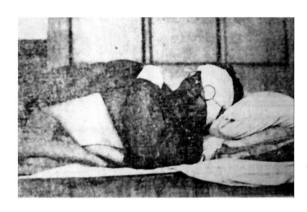

六三慘案中身負重傷的北京
大學教授馬敍倫在首善醫院

六三慘案中身負重傷的女高
師教授湯璪真在首善醫院

　　正當準備放洋，連出國治裝都開始訂製的時候，北京城裏傳來
了「六三慘案」消息。6月3日，因北洋政府長期拖欠教育經費，
馬敍倫、李大釗領導北京國立八校教職員展開索薪鬥爭，22所學校
600多名學生也聚集於新華門前請願。北洋軍警一齊出動，毆打請願
者，受傷者達20餘人。慘案發生後，北京市學生聯合會為聲援索薪
鬥爭，宣佈罷課抗議。

　　清華學校有美國退還的庚款做後盾，向無經費危機，所以事件
發生前並未參與。慘案發生後，北京學聯批評清華學生不該置身事
外。為此，清華學生會評議部連續開會討論，認為時機已迫，萬難
坐視，遂於8日通過罷課案，決定執行市學聯決議。10日，全體學生

1921年6月，清華學校公佈辛酉級赴美所習學科與擬入學校一覽，其中聞一多擬入芝加哥美術學院

召開大會，以292票對119票，通過「同情罷課案」。[註19]但清華當局與北洋政府沆瀣一氣，為了破壞學生鬥爭，竟於次日宣佈大考按原定計劃舉行，凡不參加大考者一律取消學籍。經過學生反覆力爭，學校僅同意將大考推遲至18日舉行，不到考場者以自請退學論處。

當時，辛酉級面臨的形勢十分嚴峻。儘管清華實行學分制，大考對他們只是一種形式，且出國所習學科與擬入學校均已公佈，但學校的決定無疑又把他們置於風浪的頂端，因為拒絕大考就意味著八年的寒窗會付之東流。在這人生關口重大的選擇面前，畢業班分化了，三分之二同學頂不住壓力走入考場，而聞一多與羅隆基、何浩若、吳澤霖、沈有乾、沈宗濂、高鏡瑩、時昭涵、黃子卿、許復七、薩本棟等29人寧肯犧牲珍貴的留學機會，也絕不肯向邪惡低頭，最後受到「自動退學」的無理處分。

7月裏，聞一多回到浠水老家，心情久久不能平靜。他在《回顧》一詩中寫到：「九年底清華底生活，／回頭一看——／是秋夜裏一片沙漠，／卻露著一顆瑩火，／越望越光明，／四周是迷茫莫測的淒涼黑暗。」雖然失去了放洋的機會，但他的自豪感卻沒失去。他在詩中接著寫到：「看！太陽底笑焰——一道金光，／濾過樹逢，灑在我額上；／如今羲和替我加冕了，／我是全宇宙底王！」

聞一多等29人被處分的事，在社會上引起強烈反響，儘管聞一多等人揮淚離開清華園，但報紙上仍連篇刊載各界的抗議與質問。在這種壓力下，學校改變策略，説只要肯寫悔過書，就

《晨報》刊登的清華學生罷課報導

可次年出洋。聞一多與朋友們書信往還，認定悔過談不到，一切返校再説。暑後，回到清華園的聞一多等人無一人悔過。學校無奈，聲稱寫一集體悔過書也可以，但聞一多等仍置之不理。1922年4月，眼看期末來臨不能再拖，管轄清華學校的外交部不得不發出一紙「部令」，詭稱「諸生當時尚非主動，事後深知改悔，酌理衡情，不無可恕，應準將留級辦法緩辦執行」云云。註20聞一多讀罷部令感到莫大侮辱，當即與羅隆基、吳澤霖、高鏡瑩聯名寫下《取消留級部令之研究》，指控部令「污侮人格」，「捏造罪名」，是要「滑頭手段」，施「威壓政策」。註21在一封家信中，他説：「我們自始至終，光明正大，有何『自新』之必要，有何『後效』之必觀？所以我們都以為這種部令『是可忍，孰不可忍』。」信中還説：「我現在決定仍舊做我因罷課自願受罰而多留一年之學生，並不因別人賣人格底機會，占一絲毫便宜，得一絲毫好處。」註22

在正義與惡邪的鬥爭中，聞一多以無私無畏的氣魄，經受住了一次人生的嚴重考試。23歲的他勝利了！

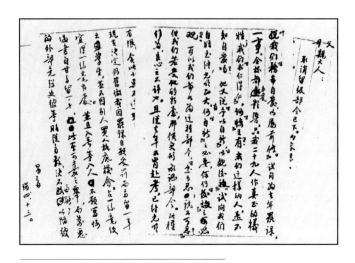

批駁外交部取消留級部令時給父母親的信

附：清華學校辛酉級（1921級）被處分留級29位同學名單：

　　趙連芳、錢宗堡、費培傑、何浩若、霍啟芳、許複七、高鏡瑩、顧德銘、薩本棟、鄒維渭、黃卓繁、董大酉、聞一多、時昭涵、時昭澤、羅隆基、王朝梅、廖雲皋、孟憲民、孫超烜、孫慶增、陳之長、陳崇武、陳念宗、沈仁培、沈宗濂、沈有乾、吳澤霖、王昌林（《一九二一畢業大二級赴美留學學科學校一覽表》，《清華週刊》第248期，1922年5月19日）

初涉詩壇

　　1921年，聞一多開始被迫留級的生活。留級的一年裏，他結識了梁實秋等一批愛好文學的朋友，並與他們成立起「清華文學社」，實現了多年的宿願。

　　1921年11月20日，是中國文學史上一個值得記憶的日子，一批後來在中國文壇及政壇上顯露頭角的青年人聞一多、梁實秋、時昭

清華文學社合影，中排左二為聞一多，左一為梁實秋，右一為顧毓琇

涵、謝文炳、吳景超、顧毓琇、張忠紱、楊世恩等，於這天成立了
「清華文學社」，聞一多被推選為書記。

　　清華文學社有時開小組會，有時開常會。小組會多是討論文學方面
的具體問題，常會則主要報告研究的心得，討論眾所關心的事情較為
重大的問題，如「詩是什麼」、「詩的音節問題」、「為藝術而藝術
呢？還是為人生？」、「文學與人生」、「文學可以職業化？」等。

　　上述問題顯然都比較重大，報告後的討論也是仁者見仁，智者
見智，觀點很難統一。不過，問題的關鍵不在於討論中能得出什麼
結論，重要的是這群20歲左右的年輕人，都不約而同地關心著國家
的發展，思考著如何用自己的愛好與興趣為國為民服務。

　　這個時候，聞一多對於新詩的愛好幾近於狂熱的地步。當時，
他獨居的高等科的248號房間，「滿屋堆的是中西文學的書，喜歡
文學的同學們每天絡繹而來，每人有新的詩作，都拿來給他看，他
也毫不客氣的批評」。梁實秋曾動情地說，他可能是受聞一多鼓勵
最多的一個。註23聞一多除了創作新詩外，還計畫對已經出版的《女

神》、《冬夜》、《草兒》、《湖畔》、《雪朝》等詩集，逐一加以研究評論。

　　聞一多與清華文學社之間的感情相當深厚。1922年5月，聞一多結束了十年的清華求學生活，他對清華園一草一木都那麼留戀，但更使他戀戀不捨的則是要與朋友們分手。梁實秋稱聞一多是「清華現在唯一之詩人」，把他比作「東方的魂」，說他的離去使「全社有失依之感」。[註24]聞一多亦稱：「我於偶然留校的一後中，得觀三四年來日夜禱祝之文學社之成立，更於此社中得與詩人梁實秋締交，真已喜出望外。唉！十年清華生活無此樂也。我之留級，得非塞翁失馬之比哉？」

有了一個家

　　1922年春，聞一多奉父母之命，回鄉與表妹高孝貞完婚。受到新思想薰陶的聞一多，對於這門親上加親的婚姻並不滿意，但那個

1922年春聞一多結婚時的全家合影，後排左二為聞一多，中排左一為妻子高孝貞

蜜月中的聞一多

時代他做不了自己的主。不過，
妻子知情達理，溫柔可愛，聞一
多也就漸漸安下了心。

　　高孝貞生於湖北省黃岡縣
潞口鎮，與聞一多的家只隔一條
巴河，兩人小時候也見過面，但
印象不深。高孝貞的祖父在清朝
曾任道台，做了綏遠鹽務局長，
父親高承烈也署理過廣東饒平縣
知事。高承烈見聞一多考取清華
學校，認為將來肯定有出息，便
很早就將愛女許配給聞一多，這
件事在1916年刻印的《聞氏家
譜》已有記載。

離家前的留影

1922年，在清華園學習生活了整整十年的聞一多，經過風風雨雨，終於畢業了。7月16日，他與被迫留級的辛酉級同學，一起乘海輪從上海出發，駛向大西洋岸。

1922年7月出國前與父兄在上海留影，坐者為其父，後排右起為聞一多、聞亦宥（十哥）、聞家騄（三哥）

>>> 注釋

註1：聞展民：《哭四弟一多》，《人民英烈》第376頁，李聞二烈士紀念委員會1948年8月編印。

註2：《論振興國學》，《清華週刊》第77期，1916年5月17日。

註3：《儀老日記》，1919年2月10日。

註4：聞展民：《哭四弟一多》，《人民英烈》第376頁。

註5：季鎮淮：《聞一多先生年譜》，《聞朱年譜》第4頁，清華大學出版社1986年8月出版。

註6：聞家駟：《憶一多兄》，《聞一多紀念文集》第373頁。

註7：聞立勳：《回憶四叔聞一多》（未刊），汪德富整理。

註8：《清華週刊》第170期，1919年5月15日。

註9：《致父母親》，《聞一多書信選集》第14頁，人民文學出版社1986年10月出版。

註10：《致聞家騄》，《聞一多書信選集》第18頁。

註11：《全國學生聯合會之閉會式》，《申報》1919年8月6日。

註12：《辛酉鏡‧美術》。

註13：《徵求藝術專門的同業者底呼聲》，《清華週刊》第192期，1920年10月1日。

註14：《美司斯宣言》，《清華週刊》第202期，1920年12月10日。

註15：吳澤霖：《老友一多二三事》，《聞一多紀念文集》第161頁，三聯書店1980年8月出版。

註16：吳澤霖給作者的信，1986年7月13日。

註17：《清華週刊》第222期，1921年9月18日。

註18：《清華週刊》第203期，1921年12月17日。

註19：《清華罷課風潮始末記》，《民國日報》1921年7月5日。

註20：北洋政府外交部1922年第34號通告。

註21：《清華週刊》第244期，1922年4月14日。

註22：《致父母親》，《聞一多書信選集》第25頁。

註23：梁實秋：《談聞一多》第9頁，臺灣傳記文學出版社1967年1月出版。

註24：梁實秋：《送一多遊美‧序》，《清華週刊第八年增刊》，1922年6月。

第三章 海外學子

「東方的老憨」

　　十年的清華求學生活終於結束了。1922年7月16日，聞一多等被迫留級一年的辛酉級同學，從上海乘麥金雷總統號海輪駛向大西洋彼岸。

　　離國之初，聞一多就有一種遊子的失落感。他出國後的第一首詩《孤雁》，便把自己比作「不幸的失群的孤客」，「流落到這水國底絕塞，／拼著寸磔的愁腸，／泣訴那無邊的酸楚」，而將要抵達的則是「蒼鷹底領土」，「那裏只有鋼筋鐵骨的機械，／喝醉了弱者底鮮血，／吐出些罪惡底黑煙，／塗污了我太空，閉熄了日月，／教你飛來不知方向，息去又沒地藏身啊」。雖然詩中的情調過於惶惑，過於悲哀，卻準確道出了自稱「東方老憨」的聞一多的心境。

　　8月1日，聞一多在美國西雅圖登岸。7日到達密歇根湖南端的著名都市——芝加哥。芝加哥是美國的第二大城市，19世紀中葉，這裏便是美國鐵路的中心，隨之帶來了工業的巨大發展，20世紀初，它已成為美國經濟和社會生活的一個縮影。聞一多身處這座現代工業城市，卻對祖國無限眷戀與思念，出國一個月就寫下著名的《太陽吟》。詩中有這樣幾段：

1922年8月初，清華辛酉級被迫留級的29人在美國西雅圖分別前合影，前排左三拿禮帽者為聞一多

太陽啊，刺得我心痛的太陽！
又逼走了遊子底一出還鄉夢，
又加上十二個時辰的九曲迴腸！

太陽啊，火一樣燒著的太陽！
烘乾了小草尖頭底露水，
可也烘得乾遊子底冷淚盈眶？

太陽啊，六龍驂駕的太陽！
省得我受這一天天底緩刑，
就把五年當一天跑完，又與你何妨？

太陽啊，——神速的金烏——太陽！
讓我騎著你每日繞行地球一周，

也便能天天望見一次家鄉！

　　詩中所説的「家」是廣義的，它在這裏是「祖國」的代名詞。聞一多把這首詩寄給國內的吳景超時，也特別説明「不出國不知道想家的滋味」，接著強調：「我想你讀完這兩首詩，當不致誤會以不為我想的是狹義的『家』。不是！我所想的是中國的山川，中國的草木，中國的鳥獸，中國的屋宇——中國的人。」註1

　　1922年10月27日是中國農曆的「重陽節」。聞一多這天寫下了一首《憶菊》，該詩借助對菊花的讚美，細緻入微地寄託了對祖國的熱愛。詩中寫到：「啊！詩人底花呀！我想起你，／我的心也開成頃刻之花，／燦爛的如同你的一樣；／我想起你同我的家鄉／我們的莊嚴燦爛的祖國，／我的希望之花又開得同你一樣。」

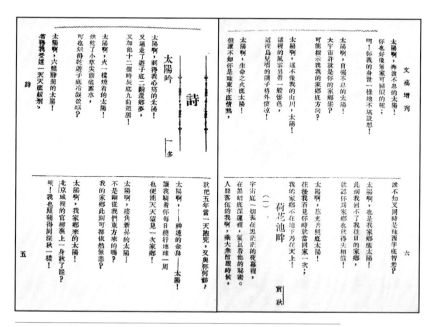

《太陽吟》，刊於1922年11月24日《清華週刊》文藝增刊第1期

1922年9月，聞一多入芝加哥美術學院攻
讀西洋美術，圖為在芝加哥美術館前

　　在芝加哥，聞一多結識了芝加哥大學法文副教授溫特先生。溫特非常熱愛東方文化，也喜愛寫詩，曾邀約聞一多翻譯中國的古詩，還要將聞一多的詩譯成英文。溫特特別想到中國講學，聞一多曾推薦他到清華，但未成功。不過，溫特不久還是到了中國，後來在清華大學、西南聯合大學、北京大學任教，並與聞一多結下了終生友誼。

《女神》評論

　　聞一多受美育救國思潮影響，留學時選擇了美術專業。他在芝加哥美術學院刻苦讀書，成績一直名列前茅，並屢蒙教師誇獎。第

溫特教授與聞一多夫人高真。高真率子女赴解放區後，聞一多的骨灰由溫特保存了很長時間

一學期結束前，七門功課除人體寫生為「上」外，其餘都是「超」。第二學期，功課雖然開始繁難，而聞一多的成績則是「清一色的超了」。^{註2}1923年6月，聞一多讀完一年級，因各門成績均佳，獲得了美國教育界給學生的最高褒獎──優等名譽獎。

不過，聞一多對文學的興趣還是比美術更濃厚，留學期間，他除了繼續創作外，還寫了不少詩歌評論，其中《女神》評論體現了他對如何發展

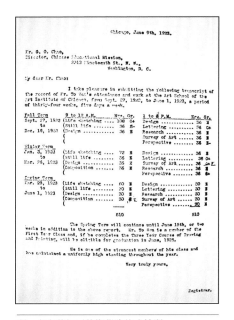

聞一多在芝加哥美術學院的成績單

中華文化的可貴思考。《女神》是郭沫若的第一部詩集，也是中國新詩史上的奠基之作。這部新詩集充滿著浪漫主義激情和反帝反封建的愛國主義、民主主義精神，一問世便受到文學界的高度讚揚。聞

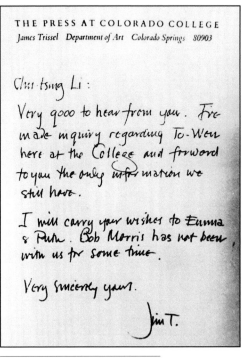

聞一多的轉學介紹信

一多在《女神之時代精神》中，對郭沫若做了很高的禮贊，說：「若講新詩，郭沫若君的詩才配稱新呢，不獨藝術上他的作品與舊詩詞相去最遠，最要緊的是他的精神完全是時代的精神——二十世紀底時代的精神。有人講文藝作品是時代底產兒，《女神》真不愧為時代底一個肖子。」與此同時，聞一多也以嚴肅的態度對《女神》進行了批評，認為它「不獨形式十分歐化，而且精神也十分歐化」。在《女神之地方色彩》中，聞一多坦率地說：「我總以為新詩徑直是『新』的，不但新於中國固有的詩，而且新於西方固有的詩；換言之，它不要作純粹的本地詩，但還要保存本地詩的色彩，它不要做純粹的外洋詩，但又盡量的吸收外洋詩的長處；它要做中西藝術結婚後產生的寧馨兒。」

上述批評，既有藝術方面，也有思想方面。儘管聞一多與美國詩人交往較多，並受到深刻影響，但他沒有放棄發展中國文化的立場。他認為：若「將世界各民族底文學都歸成一樣的，恐怕文學要失去好多的美」。這好比是作畫，「各種色料雖互相差異，卻又互相調和」。因此，他主張「真要建設一個好的世界文學，只有各國文學充分發展其地方色彩，同時又貫以一種共同的時代精神，然後

並而觀之」，才能形成多姿多彩
的畫卷。註3

發起「大江會」

1923年9月，聞一多的第一本詩集
《紅燭》在國內出版

　　在美國，聞一多參與發起的國
家主義團體「大江會」，是他人生
道路中的一件大事，也代表了他思
想發展的一個重要階段。

　　「大江會」是以清華1921、
1922、1923級留美學生為主要成
員，以「本自強不息的精神，持誠懇踏實的態度，取積極協作的方
法，以謀國家的改造」註4為宗旨的一個具有政治性質的社團，其前
身「大江學會」成立於1923年9月，發起人為吳澤霖、羅隆基、聞
一多等。聞一多在一封家信中說：「我輩定一身計畫，能為個人
利益設想之機會不多，家庭問題也，國家問題也，皆不可脫卸之責
任。」又說：「當今中國有急需焉，則政治之改良也。故吾近來亦
頗注意於世界政治經濟之組織及變遷。……我輩得良好機會受高深
教育者當益有責任心。我輩對於家庭、社會、國家當多擔一分責
任。」註5這，就反映了他參與發起這個團體的動機。

1923年科羅拉多大學中國同學會
合影，後排右二為聞一多，前排
右二為梁實秋

聞一多遊覽過的科羅拉多大風洞

聞一多遊覽過的珂泉仙園

　　1923年秋，聞一多轉學到科羅拉多大學，與剛剛到此留學的梁實秋住在一起。在這裏，他們的刻苦用功受到教師的稱讚，有兩位教美術的女教師還特別開車帶他們到自然公園遊覽。

　　1924年初，大江學會開始研究世界各國的興衰歷史及其經驗教訓。正在此際，土耳其共和國誕生了。大江學會成員認為，土耳其之所以成為西亞民族解放鬥爭中一面成功的旗幟，是「少年土耳其」鼓吹國家主義的結果，[註6]因此有人正式提出改組大江學會，而「進行之第一步驟則鼓吹國家主義以為革命之基礎」。[註7]

　　暑假中，聞一多、梁實秋、羅隆基、何浩若、吳景超、浦薛鳳、潘光旦、吳文藻等十餘人相約在芝加哥聚會，兩個星期裏，大家展開熱烈討論，最終歸納出幾項一致的看法：「第一，鑒於當

《大江季刊》封面

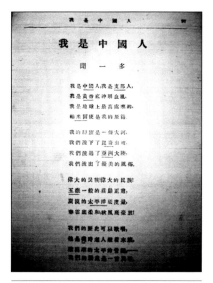

聞一多在《大江季刊》第1期上發表的愛國詩歌《我是中國人》

時國家的危急處境，不願侈談世界大同或國際主義的崇高理想，而宜積極提倡國家主義（Nationalism）。第二，鑒於國內軍閥之專橫恣肆，應厲行自由民主之體制，擁護人權。第三，鑒於國內經濟落後，人民貧困，主張由國家倡導從農業社會進而為工業社會，反對以階級鬥爭為出發點的共產主義。」註8不難看出，他們首先反對的是帝國主義對中國的侵略，其次是反對封建軍閥。但是，他們又不主張採用階級鬥爭的方法進行國內革命，而主張以和平的手段改造政權，再由被改造的政權組織社會向現代化過渡。

　　這裏應當強調指出的是，他們提出「國家主義」一詞時，還鄭重地注出英文。其目的是為了避免把它譯成「民族主義」，使人誤以為大江學會具有狹隘民族立場的傾向。後來，為了與形形色色的國家主義相區別，他們還在「國家主義」四字前加上「大江的」三個字。

什麼是「大江的國家主義」呢？大江會解釋其定義為：「中華人民謀中華政治的自由發展，中華經濟的自由抉擇，及中華文化的自由演進。」大江會的宗旨即：「本大江的國家主義，對內實行改造，對外反對列強侵略。」而當前最主要的任務，則定為「偏重反對列強侵略與鼓勵民氣」。[註9]從上述目標看，大江會的主流符合當時東方民族解放鬥爭的時代潮流。

「文化的國家主義」

　　《大江會宣言》在文化問題上指出：「外人之毀滅中國文化，其禍更烈於操縱政治外交及經濟」，因為「一國之文化，乃一國士氣民風之所系，國性藉以寄託，人性藉以安息」，所以「中華文化之自由演進者，即謀中華文化之保存及發揚，同時且反抗一切以西方文化籠統的代替東方文化運動」，這也是為了「國家生命之自由演進」。[註10]這句話，反映了聞一多對於文化與國家命運問題的基本認識，這既是他留美專攻美術的動機，亦是他到紐約後轉而進行戲劇活動的內因。

　　1924年9月，聞一多轉學到紐約藝術學院，住在江濱大道國際學舍。這座十幾層的大樓，是當時各國留學生居住最集中的地方。在這裏，他結識了正在研究戲劇和美術批評的留學生，幾個青年湊在一起，打算排演幾出戲劇。最初，聞一多與熊佛西合編了一個獨幕劇。接著，又與余上沅、張嘉鑄、趙太侔共同排演了洪深的《牛郎織女》。不久，他們又把余上沅編寫的《楊貴妃》譯成五幕英文古裝劇後搬上了舞臺。聞一多的美術專長在這時派上了用場，佈景、服裝、化妝多出其手。

　　1924年12月，《楊貴妃》在紐約演出大獲成功，反映之強烈超過預料。聞一多等人興奮異常，呼出「回國去發起國劇運動」的口

號。此後的兩個月，他們制定了龐大計畫，其中有編輯《傀儡》雜誌，有創辦「北京藝術劇院」，有演員訓練學校，有戲劇圖書館博物館，有選送留學戲劇藝術資助金，有邀約外國戲劇家來華指導，甚至還設想了保留的劇目。接著，他們做了進一步分工，有的去劇院訪問經理調查，有的去採訪演員，有的跑電器公司、化妝用品店、承做佈景廠。[註11]

　　《楊貴妃》的演出使波士頓的大江會員也見獵心喜，於是他們亦決定排演一出英語中國戲招待外國師友。顧毓琇編寫、梁實秋翻譯的《琵琶記》，就是這樣誕生的，而他們演出的佈景、服裝，也是由聞一多承擔的。3月28日，《琵琶記》在波士頓美術劇院公演同樣座無虛席，演出結束時「掌聲雷動，幾乎把屋頂震塌下來」，[註12]次日頗有影響的《基督教箴言報》做了盛情報導。

英文古裝劇《楊貴妃》在紐約演出時的劇照

上述兩次演出，不僅是向美國介紹中國戲劇的初次嘗試，還拉開了中國國劇運動的序幕。[註13]當然，對於聞一多來說，這些演出除了興趣之外，更重要的則是思想方面的因素，這便是他自稱為「中華文化的國家主義」之主張與實踐。他說：「我國前途之危險不獨政治、經濟有被人征服之慮，且有文化被人征服之禍患。文化之征服甚於他方面之征服百千倍之，杜微防漸之責，舍我輩誰堪任之！」[註14]可見，戲劇活動在此處已賦予了文化救國的意義。

為了發動國劇運動，1925年初聞一多與梁實秋、顧毓琇、余上沅、張嘉鑄、熊佛西、林徽音、梁思成、瞿士英、熊正瑾等同共組織了「中華戲劇改進社」，準備以此為開展國劇運動的陣地。這時，聞一多、余上沅、趙太侔經過慎重考慮，由余上沅執筆寫信給國內的胡適，希望得到北京大學和新月社的支持與幫助。

按照清華慣例，聞一多至少可以在美國研習五年。可是，為著發動國劇運動和實現北京藝術劇院的夢想，他毅然放棄學業，提前兩年踏上了歸國的旅途。

>>> **注釋**

註1：《致吳景超》，《聞一多書信選集》第61頁。

註2：《致父母親》，《聞一多書集選集》第123頁。

註3：上引《女神之時代精神》與《女神之地方色彩》，分別刊於《創造週報》第4號（1923年6月3日）、第5號（1923年6月10日）。

註4：《關於清華學會及改組董事會二事的答覆》，《清華週刊》第309期，1924年4月11日。

註5：《致家人》，《聞一多書信選集》第179至180頁。

註6：浦薛鳳：《理性的國家主義》，《大江季刊》第1卷第1期，1925年7月15日。

註7：《致家人》，《聞一多書信選集》第180頁。

註8：梁實秋：《談聞一多》，第49頁。

註9：《大江會章程》，《大江季刊》第1卷第2期，1925年11月15日。

註10：《大江會宣言》，《大江季刊》，第1卷第2期。

註11：余上沅：《致張嘉鑄》，《晨報副鐫·劇刊》，第14、15期，1926年9月16日、23日。

註12：梁實秋：《琵琶記的演出》，《秋室雜憶》，第56、59、62頁。

註13：顧毓琇在《九二自述》中說：「我國有國劇運動，此時實在紐約、波士頓開始」。參見：《水木清華》，第248頁，清華大學出版社1994年4月出版。

註14：《致梁實秋》，《聞一多書集選集》第191頁。

第四章　火山熱血

「我是中國人」

1925年6月1日，聞一多與余上沅、趙太侔踏上朝思暮想的祖國大地。但萬萬沒有想到，迎接他們的竟是上海馬路上那斑斑血跡──兩天前，這裏剛剛發生了五卅慘案。6月11日，漢口碼頭工人為抗議英商太古公司毆傷、逮捕工人，舉行示威遊行，亦遭英海軍陸戰隊鎮壓，死30餘人，傷20餘人，是為漢口慘案。為了表達對上述事件的態度，聞一多一到北京，便立刻把早已

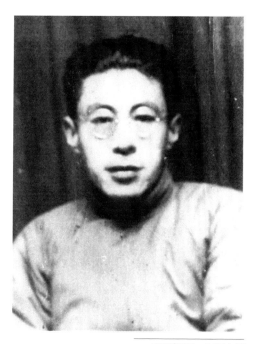

1925年5月，回國之初

寫好的幾首詩交給《現代評論》發表。

聞一多回國後發表的第一首詩是《醒呀！》，他在這首詩的「跋」中說：「這些是歷年旅外因受盡帝國主義的閒氣而喊出的不平的呼聲」，「目下正值帝國主義有滬漢演成這種慘劇」，所以「把這些詩找一條捷徑發表了，是希望他們可以在同胞中激起一些敵愾，把激昂的民氣變得更加激昂」。註1《醒呀！》用漢、滿、蒙、回、藏五大民族與「眾」的口吻，控訴虎豹豺狼瘋狂踐踏神州，呼籲「熟睡的神獅」趕快醒來。這種強烈的愛國之情與全國民眾掀起的反帝熱潮融為一體，成為聞一多回國後的初次亮相。

在緊接著發表的《七子之歌》中，聞一多把被列強霸佔去的澳門、香港、臺灣、威海衛、廣州灣、九龍、旅順大連七地，比作被迫離開母親的七個兒子，哭訴其所受帝國主義強盜蹂躪的百般捅苦，要求回到母親的懷抱。詩前有序，云：

《邶》有七子之母不安其室，七子自怨自艾，冀以回其母心。詩人作《凱風》以湣之。吾國自尼布楚條約迄旅大之租讓，先後喪失之土地，失養于祖國，受虐於異類，臆其悲哀之情，蓋有甚於《凱風》之七子，因擇其中與中華關係最親切者七地，為作歌各一章，以抒其孤苦亡告、眷懷祖國之哀忱，亦以勵國人之奮興云爾。國疆崩喪，積日既久，國人視之漠然，不見夫法蘭西之ALSACE－LORRAINE註2耶？「精誠所至，金石能開」。誠如斯，中華「七子」之歸來其在旦夕乎？

這首詩當時就引起了許多人的共鳴，中華基督教青年會全國協會教育總幹事、抗戰初期被日寇殺害的知名愛國人士劉湛恩將它編入《公民詩歌》。其後，《清華週刊》亦刊登了全詩，並加附識說：「讀《出師表》不感動者，不忠；讀《陳情表》不下淚者，

補白　　　　　　　　　　　聞一多

七子之歌

（一）澳門：“你可知“媽港”不是我的真名姓？我離開你的襁褓太久了，母親，但是他們擄去的是吾的肉體，你依然保管著吾內心的靈魂。三百年來夢寐不忘的生母啊！請叫兒的乳名，叫我一聲“澳門”！母親！吾要回來，母親！”

（二）香港：“我好比鳳閣階前守夜的黃豹，母親呀，我身分雖微，地位險要。如今惡魔似的海獅撲在吾的身上，啖著吾的骨肉，吮著吾的脂膏，母親呀，我哭泣號啕，呼你不應。母親呀，快讓我躲入你的懷抱！母親！我要回來，母親！”

（三）台灣：“我們是東海捧出的真珠串，琉球是吾的群弟，我就是台灣。我胸中還氤氳著鄭氏的英魂，精忠的赤血點染了我的家傳，母親呀，酷炎的夏日要曬死我了；賜我一保號令，我還能背城一戰。母親！我要回來，母親！”

（四）威海衛：“再讓我守著這最古的海，這邊岸上原有聖人的近陵在。母親莫忘了我是防海的健將，我有一座劉公島做吾的盾牌，快救我還；時期已經到了。吾背後葬的儘是聖人的遺骸！母親！我要回來，母親！”

（五）廣州灣：“東海和瓊州是我的一雙管鑰，我是神州後門上的一把鐵鎖。你為什麼把他借給一個盜賊？母親呀，你千萬不該拋棄了我！母親，讓我快回到你的膝前來，我要緊緊地摟著你的腳踝。母親！我要回來，母親！”

（六）九龍：“我的胞兄香港在訴他的苦痛，母親呀，可記得你的幼女九龍？自從我下嫁給那鴟梟的魔王，我何曾有一天不在淚濤洶湧！母親，我天天數著歸寧的吉日，我只怕希望要變作一場空夢。母親，我要回來，母親！”

（七）旅順和大連：“我們是旅順大連孿生的兄弟。我們的命運應該如何比擬？兩個強鄰將我們來日夜蹂躪，我們是暴徒腳下的兩團爛泥。歸期到了，快領我們回來，你不知道兒們如何的想念你！母親，我們要回來，母親！”

——劉洪恩公民詩歌之一——

按：讀出師表不感動者，不忠；讀陳情表不下淚者，不孝；古人言之屢矣。余讀《七子之歌》，信口悲鳴一闋復一闋，不知清淚之盈眶，讀出師陳情時，固未有如是之感動者也。今錄出七聯使諸君各一濺同情之淚，毋忘七子之哀呼而已。

聞一多

《清華週刊》刊登的《七子之歌》及按語

不孝；古人言之屢矣。余讀《七子之歌》，信口悲鳴一闋復一闋，不知清淚之盈眶，讀《出師》、《陳情》時，固未有如是之感動者也。」[註3]1999年秋，《七子之歌》被譜成歌曲，唱遍全國，成為澳門回歸之際家喻戶曉的主題歌。

如果說上述兩首詩是控訴和怒吼，那麼《愛國的心》、《我是中國人》便是對愛國的謳歌。前者雖僅兩段八行，卻令人驚心動魄。詩云：

我心頭有一幅旌旆
沒有風時自然搖擺，
我這幅抖顛的心旌

上面有五樣的色彩。

這心腹裏海棠葉形
是中華版圖底縮本；
誰能偷去伊的版圖？
誰能偷得去我的心？

《我是中國人》這首詩多年來被人們引吭不斷，它以「我是中國人，我是支那人」作為開頭，又作為結尾，加重了詩的主題。詩中自豪地述說中華民族廣闊的地域，悠久的歷史與燦爛的文化，然後筆鋒一轉，說「我的心裏有堯舜底心，我的血是荊軻聶政底血」。又說：

我沒有睡著！我沒有睡著！
我心中的靈火還在燃燒；
我的火焰他越燒越燃，
我為我的祖國燒得發顫。

至今仍朗朗上口的《洗衣歌》寫於1925年1月，它通過一個以洗衣為職業的華僑之口，表示出對民族歧視、民族壓迫的憤懣。聞一多在詩序中寫道，「美國華僑十之八九以洗衣為生，外人至有疑支那乃舉國洗衣匠者。國人旅外之受人輕視，言之心痛。爰假洗衣匠口吻作曲以鳴不平。」後來編入《死水》詩集時，把該序改為：「洗衣是美國華僑最普遍的職業，因此留學生常常被人問道『你的爸爸是洗衣裳的嗎？』許多人忍受不了這侮辱。然而洗衣的職業確乎含著一點神秘的意義，至少我曾經這樣的想過。作洗衣歌。」這麼一改，「被侮辱」的主題便更突出了。

聞一多在《大江季刊》第1期上發
表的《洗衣曲》

暫短的國家主義活動

　　梁實秋曾說：聞一多不但是大江會的「中堅份子」，而且對
「大江的國家主義」之「熱誠維持得也最長久」。[註4]作為大江會的
第一個回國會員，聞一多義不容辭地成為大江會在國內的代言人。

　　1925年12月，聞一多、余上沅和暫時回國的羅隆基，曾代表
大江會與中國青年黨人的大神州社、醒獅社等團體，成立了北京國
家主義團體聯合會。聯合會《緣起》中「謀取我中華領土之完全，
恢復中華政治之自由發展，中華經濟之自由抉擇，中華文化之自由
演進」等語，均來自《大江會宣言》。而提倡中華人民「感知國家
的利害為利害，國家的榮辱為榮辱」之言，也是《大江季刊·發刊
辭》中強調的內容。[註5]

聞一多參與發起北京國家主義團體聯合會的目的，是為了宣傳國家主義。不過，真正引人注目的，則是他與李璜等人於1926年1月底召開的「反對日俄出兵東三省大會」，和3月中旬召開的「反俄援僑大會」。這兩次大會的矛頭既對準帝國主義，同時也對蘇聯當時傷害中國人民感情的一些事表示強烈不滿。

「反俄援僑大會」後不幾天，日、英、美等八國為大沽口事件對執政府發出最後通牒，北京民眾遂決定18日在天安門前集會抗議。在聞一多的力促下，17日晚大江會等30餘團體召開緊急會議，一致決定反對八國通牒。次日，他們舉行示威遊行，離開執政府不到兩個小時，「三一八慘案」便發生了。聞一多聞訊極為痛心，主張與國民黨左派聯合起來，共同開展愛國運動。接著，他寫下《唁詞──紀念三月十八的慘劇》、《文藝與愛國──紀念三月十八日》等，讚頌三一八慘案烈士的獻身精神。他說：「三月十八日的死難不僅是愛國，而且是偉大的詩。我們若得著死難者的熱情的一部分，便可以在文藝上大成功；若得著死難者的熱情的全部，便可以追他們的蹤跡，殺身成仁了。」註6這些話，不僅表明了聞一多對三一八慘案的態度，也為他對國家主義的理解做了最恰當的注腳。

創立格律新詩風

聞一多是為了發動國劇運動而回國的。回國後，正在籌辦的北京藝術專門學校邀請他擔任教務長。在藝專，他與趙太侔、余上沅一起多方奔走，終於得到教育部同意，添設了音樂、戲劇兩系。戲劇系的成立在中國戲劇史上有著不尋常的意義，洪深在《中國新文學大系・戲劇集・導言》中說：藝專戲劇系的設立「是我國視為卑鄙不堪之戲劇，與國家教育機關發生關係的第一朝」。不過，動盪的時局使聞一多追求的國劇運動很不順利，而他對新詩的建設又不

能忘懷，於是重新把精力轉移到新詩領域。

1926年春，聞一多的西京畿道34號住宅常常成為朱湘、饒孟侃、楊世恩、劉夢葦、孫大雨、朱大楠、蹇先艾、于賡虞等豪邁灑脫青年詩人的聚集處。這些人經常在這裏朗誦自己或別人的詩作，漸漸從朗誦中體會到一些妙處，並悟出些門道，形成一種格律風格。那時，中國的新詩發展似乎遇到一個關口而步履顯得有些艱難，聞一多等則志在開闢一條新的詩風，特別是在修辭上講求起來，對字句的推敲很下了一番雕琢的功夫。後來，文壇

1934年春，聞一多（中）與饒孟侃（右）在北平騎河樓清華同學會院內

聞一多在《晨報・詩鐫》上發表的《詩的格律》，刊頭亦為聞一多繪製。

上把聞一多這批人稱為「格律派」，視作早期新詩發展中的三大主要流派之一。

詩歌的試驗與推廣需要陣地，在徐志摩的幫助下，他們利用《晨報》副刊，創辦了《詩鐫》。《晨報·詩鐫》誕生於1926年4月1日，這是繼四年前朱自清、劉延陵、葉紹鈞等編輯《詩刊》以來，近代中國詩壇上出現的第二個專門園地。

在《詩鐫》同人中，聞一多影響最大，他的努力在於探討新詩的理論和藝術。在《詩的格律》一文中，他說：「越有魄力的作家，越是要戴著腳鐐跳舞才跳得痛快，跳得好。只有不會跳舞的才怪腳鐐礙事」。這腳鐐就是格律，因為格律是藝術必須的條件，精緻的格律便是精緻的藝術，「只有不會作詩的才感覺得格律的縛束，對於不會作詩的，格律是表現的障礙物，對於一個作家，格律便成了表現的利器」。

從表面看，自由體新詩反映了詩人對條條框框的突破，此時提倡「格律」會被人指責為倒退、復古。但是，當狂風暴雨間歇之時，人們用冷靜的眼光審視自由體新詩，卻發覺它存在某些不足。聞一多熟悉古體詩的精華，希望用中國文化中的優秀部分來改造新詩、建設新詩，他所說的格律不是舊的格律，而是新的格律，它是「層出不窮」、「是根據內容的精神製造的」，是「可以由我們自己的意匠來隨時構造」的。這就劃清了新舊格律的界限，表明了聞一多把握住民族傳統並吸取外來文化的基本態度。

《死水》是聞一多探討格律詩的試驗。這首詩九字一行，四行一段，全詩五段，首尾呼應，無論從平仄、韻腳、格式、音尺看，都是標準的格律化了。請看：

這是一溝絕望的死水，
清風吹不起半點漪淪。

聞一多的手抄《死水》

不如多扔些破銅爛鐵，
爽性潑你的剩菜殘羹。

也許銅的要綠成翡翠，
鐵罐上鏽出幾瓣桃花；
再讓油膩織一層羅綺，
黴菌給他蒸出些雲霞。

讓死水酵成一溝綠酒，
漂滿了珍珠似的白沫；
小珠笑一聲變成大珠，
又被偷酒的花蚊咬破。

那麼一溝絕望的死水，
也就誇得上幾分鮮明。
如果青蛙耐不住寂寞，
又算死水叫出了歌聲。

這是一溝絕望的死水，

這裏斷不是美的所在，

不如讓給醜惡來開墾，

看它造出個什麼世界。

　　聞一多在《晨報‧詩鐫》上發表的一些詩，在格律上沒有一首是重複的，這些不同的形式反映出聞一多量體裁衣、不拘一格的創新意識。對此，徐志摩感受最深，他說：「這五、六年來我們幾個寫詩的朋友多少都受到《死水》的作者的影響。我的筆本來是最不受羈勒的一匹野馬，看到了一多的謹嚴的作品我方才懍悟到我自己的野性。」註7朱白清亦說：《詩鐫》「雖然只出了十一號，留下的影響卻很大──那時大家都做格律詩，有些從前極不顧形式的，也上起規矩來了」。聞一多本人也頗為自負地說：「北京之為詩者多矣，而余獨有取於此數子者，皆以其注意形式，漸納詩於藝術之軌。余之所謂形式者，form也，而形式之最要部分為音節。《詩刊》同人之音節已漸上軌道，實獨異於凡子，此不可諱言者也。」他甚至「預料《詩刊》之刊行已為新詩闢一第二紀元，其重要當與《新青年》、《新潮》並視」。註8

「這不是我的中華」

　　正當聞一多一門心思地構築新詩大廈的時候，奉軍進了北京，形勢大變。隨著文化人士逃難似的紛紛南下，聞一多也攜眷返回故里。不久，他隻身到上海，受聘為上海吳淞國立政治大學教授兼訓導長。

　　工作剛剛有了著落，女兒立瑛病重的信就來了。聞一多趕回浠水，立瑛已經去世。這時，國民政府明令定都武漢，中國人民依靠自己的力量首次收回了漢口、九江的英國租界。在這種令人振奮的

聞一多速寫：泰戈爾像

聞一多為徐志摩的詩集《巴黎鱗爪》、《落葉》和《猛虎集》繪製的封面

氛圍中，聞一多接受了鄧演達的聘請，擔任國民革命軍總司令部政
治部英文秘書兼藝術股股長。聞一多在黃鶴樓上親手繪製反對北洋
軍閥的大幅壁畫，發揮了他的藝術才能。但是，國民政府內部的矛
盾這時也露出端倪，並且愈演愈烈。不願意捲入政治漩渦的聞一多
不久便離開武昌，回到上海。

　　當時，聞一多的心情十分壓抑，他只能用詩來表達自己的心
境。《心跳》、《荒村》、《發現》、《一句話》等詩，都是這時思

想感情的傾訴。他這時期發表的詩還有《貢獻》、《罪過》、《收回》、《什麼夢》（修正稿）、《口供》、《你莫怨我》、《你指著太陽起誓》等，它們組成了聞一多愛國詩的又一個新階段。與在美國寫下的詩不同，那時，前期多以思鄉寄託愛國，後期則以反對帝國主義侵略、反抗民族壓迫為主要特點。現在，他更多的是對現實的怨恨，從苦悶中表現追求。朱自清曾頗為感歎地說：在抗戰以前的詩壇上，聞一多「差不多是唯一有意大聲歌詠愛國的詩人」。[註9]

　　南下到上海的朋友越來越多，大家湊在一起辦了個「新月書店」。1927年7月1日，書店在上海華龍路正式開張，董事長為胡適，經理兼編輯主任為余上沅，聞一多與徐志摩、梁實秋、張嘉鑄、潘光旦、饒孟侃、丁西林、葉公超、劉英士、胡適、余上沅等11人為董事，後又加入了羅隆基、邵詢美。這時期，聞一多為同仁的著作繪製了不少封面或插圖。

　　1928年1月，聞一多的第二部詩集《死水》由新月書店出版。這部詩集精選了格律詩試驗的28首新詩，出版當時就引起人們的注意。女詩人蘇雪林將《死水》與《紅燭》進行了比較，評論說：「《紅燭》注重色彩，《死水》則極其淡遠；《紅燭》尚有錘煉的

聞一多為自己第二部詩集
《死水》繪製的環襯

痕跡，《死水》則到了爐火純青之候；《紅燭》大部分為自由詩，《死水》則都是嚴密結構的體制；《紅燭》十九可以懂，《死水》則幾乎全部難懂。」她認為「《死水》的淡不是淡而無味的淡，《紅燭》的色現在表面，《死水》卻收斂到裏面去了」，「《死水》字句都極矜煉，然而不教你看出他的用力處，這是藝術不易企及的最高的境界」，所以《死水》是「一部標準的詩歌」。註10

　　《死水》曾得到過很高的聲譽，1935年林語堂在上海編輯《人間世》雜誌時，發起過一次「徵求五十年來百部作品佳作」評選活動，年底時根據各方推薦提出候選書目219種，其中詩詞9種中有現代作家3人，為徐志摩的《猛虎集》、郭沫若的《沫若詩集》、聞一多的

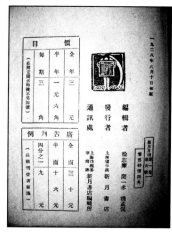

圖左上：《新月》封面
圖右上：《新月》版權頁
圖左下：聞一多為《新月》製作的印章
圖右下：聞一多為《新月》繪製的邊飾

聞一多（左一）與他在南京第四中山大學的
學生陳夢家（中）

任武漢大學文學院院長時的聞一多

《死水》。只是由於《人間世》停刊，使這次評選沒有結果。

聞一多自己也很重視《死水》，裝幀是他親自設計的，封面和封底都用了無光的黑紙，只在封面上做了一個長方形的金框，內書「死水」二字。襯頁則用線描畫出手持長矛與盾牌，在飛矢中頑強奮進的騎士，這種強烈的動感與封面的恬靜，形成鮮明的對比，反映了詩集的基調。

1928年3月30日，新月書店創辦《新月月刊》，聞一多列名編輯之一。不過，他已出任南京第四中山大學外文系主任，故實際上並沒有負責多少編輯工作。

動盪時代的教學生涯

1927年夏，聞一多來到南京，受聘為南京第四中山大學外國文學系主任。當時，國民政府剛剛成立，很想在教育方面有所作為，南京第四中山大學是作為全國最大的大學來設計的。聞一

1928年的武漢大學校門

武漢大學新址前牌坊

多所在的外國文學系，設拉丁、英、法、德、意諸門，意在打破偏
重英美之舊例，對西方文化做整體研究。此外，還設梵、藏、蒙、
回、日各門，以研究東亞諸國與中國歷史文化的關係，為東亞各民
族結合做準備。註11

　　1928年春，南京第四中山大學改名為中央大學，隨著南京成為
中國新的政治中心，這所學校的發展可謂前途無量，聞一多很想在
這裏長期幹下去。可是，正在籌辦武漢大學的湖北省教育廳長劉樹
杞，極力勸他回鄉為桑梓服務，請他出任武漢大學文學院長。聞一
多開始有些猶豫，但禁不住動之以情，終於來到武昌。

位於珞珈山的武漢大學，
「珞珈」二個字是聞一多
改的

聞一多設計的武大校徽

　　到校後，武漢大學在羅家山（又名落駕山）一帶勘定新校址，即今天東湖風景區的武大校園。討論新址時，聞一多建議把地名改為「珞珈山」。這個名字起得很有詩意，一直沿用到現在。另外，他還為武大設計了校徽，有人還說現在武大校門石坊上的「國立武漢大學」幾個字也是他的手筆。

　　在武漢大學，聞一多為外國文學系講授「現代英美詩」，還為文學院共同選修課開設了「西洋美術史」。[註12] 作為文學院長，他很想對課程設置做一番改造，以便盡可能體現時代發展的需要。他見中文系講師朱東潤對文學批評史有興趣，便給朱一年時間，準備增設「中國文學批評史」一課。朱東潤的成名之作《中國文

聞一多在青島大學時居住的小樓，現命名為「聞一多樓」

學批評史綱》，就是在這種背景下完成的。

武漢大學派系複雜，矛盾頗多，聞一多在這裏只待了兩年。

1930年夏，楊振聲受命籌備青島大學，盛情邀請聞一多擔任文學院長兼中文系主任、梁實秋擔任英文系主任兼圖書館長。此時，清華大學也請他回校任研究教授（即只從事研究不擔任講課，地位在任課教授之上），可他一來不願拂老友之

聞一多的摯友，青島大學校長楊振聲

情，二來為了和梁實秋在一起，於是8月來到青島，這是他繼北京藝專、南京第四中山大學、武漢大學之後，第四次參與大學創辦了。

青島大學集中了聞一多的好幾位朋友，校長楊振聲、教務長趙太侔、圖書館長兼英文系主任梁實秋，都是老友，幾個人齊心協力，決心把青島大學辦成第一流學校。在這裏，聞一多講授的課程

有「中國文學史」、「唐詩」、「名著選讀」、「英詩入門」等。
學術研究這時也取得不小進展，首先是唐詩研究全面鋪開，不僅研
究某個詩人，而且擴大到整個唐詩。同時，他接受中文系講師游國
恩的建議，開始研究楚辭。《詩經》研究也順利展開，他認為中國
文學雖然內容豐富，但研究方法落後，於是決心用現代科學方法來
解釋這部最古老的文學作品，這就是除了運用清儒音韻訓詁外，還
要運用西方近代社會科學的方法。

聞一多很喜歡青島，他唯一的散文《青島》便描寫了對這個海
濱城市的感受。但是，時局不靖，他來青島後不久就因九一八事變
發生了學潮。1932年春，由於聞一多堅持根據教育部指示修改學
則，引起學生反對。面對這些學潮，主觀上想使學校正規化的聞一
多未料想成了學生的對立面，這使他的心境很不好，於是決定離開
青島大學。

達園，1932年聞一多回到
母校時最初的住所

清華大學西院，1933年春
至1934年10月，聞一多全
家住在此處46號

1932年8月，聞一多回到母校，任清華大學中文系教授。在清
華，他排除一切瑣事，全身心地投入教學與研究。抗戰爆發前的五
年裏，他教授過的課程有：詩經、楚辭、樂府、唐詩、國學要籍、
中國古代神話研究等。

清華的豐厚待遇和優越條件，為學術研究提供了物質保證。這
一時期，聞一多專心治學，成果累累，有時「忽有所悟」，便「自
喜發千古以來未發之覆」，恨不得與行家「相與拍案叫絕」。[註13]這
種環境裏，他不免有些陶醉。如開楚辭課，他為了創造教學氣氛，

唐亮油畫：《聞一多先生的書齋》

聞一多為林庚詩集《夜》繪製的封面

聞一多（右一）與青年在火車站

力爭把課程安排在晚間七時。當黃昏來臨，電燈亮起時，他抱著大疊大疊的講稿走進教室，坐下後慢條斯理地掏出煙匣，對滿堂學生道：「哪位吸？」大家都笑了。於是，他才自己點燃一支，用極其迂緩的聲腔念道：「痛——飲——酒——，熟讀——離騷——方得為真——名——士！」註14

聞一多在清華園的五年，生活雖然優越，但日本帝國主義加緊侵略中國華北，使專心教學研究的聞一多，也不能不關心時局。

《清華週刊》上的抗日
木刻

清華大學新南院72號，
1934年11月後聞一多全
家的住所

　　1933年春，日軍進攻山海關，接著侵佔了承德。承德失守，全
國震動，3月9日，清華為此召開教授會議，會上分成激烈與平和兩
派。很少出席教授會的聞一多，這天第二個來到會場，認為蔣介石
應該自責。次日，他為應屆畢業生寫下《敗》，要求他們像一個真
正的士兵一樣前去作戰，去「爭一個理想」，那怕是「帶著遍體鱗
傷」，「剩下了一絲氣息」也在所不惜。註15

　　長城抗戰期間，傅作義將軍率部在懷柔與日軍奮戰，次年胡
適特寫成《中華民國華北軍第七軍團第五十九軍抗日戰死將士公墓
碑》，聞一多立刻把它刊於他與葉公超剛剛創辦的《學文月刊》，
並附了照片，以表示對抗戰的一種決心。1935年「一二九運動」爆
發，聞一多雖不贊成學生們上街遊行，但1936年軍警包圍清華園要
逮捕進步學生時，他毅然在家裏隱藏了民先隊員。對於西安事變的

發生，聞一多和多數教授的態度一樣，也持不贊成態度。後來，西安事變和平解決，他頗感意外，多年後還説：「像這樣大敵當前，能捐棄前嫌，顧大體，這只有共產黨才做得到呵！」[註16]

　　1937年6月，聞一多在清華任教滿五年，按例可以休假一年。他向學校申請編寫《詩經字典》，獲得批准，還給他派了一位研究助理。然而，這時盧溝橋傳來了炮聲，抗日戰爭的爆發打斷了他的這一宏願。

抗戰爆發前在清華新南院72號寓所前。右起為聞立雕（次子）、高孝貞、聞一多、聞立鵬（三子）、聞家駟（聞一多的弟弟）、聞立鶴（長子）、聞立勳（聞一多的侄子）

聞一多與顧毓琇（中）、
潘光旦（右）

>>> **注釋**

註1：《現代評論》第2卷，第29期，1925年6月27日。

註2：即阿爾薩斯、洛林，位於法國東部，1871年普法戰爭後曾割讓給德國。

註3：吳嚷：《〈七子之歌〉按》，《清華週刊》第3卷第11、12期合刊，1929年1月
　　　19日。

註4：梁實秋：《談聞一多》第51頁。

註5：《北京國家主義團體聯合會緣起》，轉引自：《國家主義團體聯合會成立》，《晨
　　　報》，1925年12月20日。

註6：《文藝與愛國——紀念三月十八日》，《晨報·詩鐫》創刊號，1926年4月1日。

註7：徐志摩：《猛虎集·自序》，《徐志摩選集》第301至302頁，人民文學出版社
　　　1983年9月出版。

註8：《致梁實秋、熊佛西》，《聞一多書信選集》第208頁。

註9：朱自清：《愛國詩》，《朱自清全集》第2卷，第357至358頁，江蘇教育出版社
　　　1988年8月出版。

註10：蘇雪林：《論聞一多的詩》，《現代》第4卷第3期，1934年1月1日。

註11：《第四中山大學之教務人員》，《申報》，1927年8月22日。

註12：《本科一年級課程表》，《武漢大學週刊》創刊號，1928年12月3日。

註13：《致游國恩》，《聞一多書信選集》第230頁。

註14：馮夷：《混著血絲的記憶》，《文藝復興》第2卷第4期，1946年11月1日。

註15：《清華大學年刊》，1933年出版。

註16：轉引自王康：《聞一多傳》第174頁，湖北人民出版社1979年5月出版。

第五章　戰時流離

離別故都

1937年7月7日，盧溝橋事變爆發，中國人民艱苦卓絕的抗日戰爭拉開了雄偉的帷幕。

當時，清華已放暑假，妻子高孝真帶著長子立鶴、次子立雕回湖北省親，在北平只有聞一多和三子立鵬、長女聞名、次女聞翾。戰爭之初，聞一多以為局勢會像往常一樣，經過調停不久就能平定，

中國軍隊在盧溝橋陣地

二十九軍士兵在盧溝橋反擊

七七事變後，聞一多全家在武昌家門前，左起：聞一多、聞立雕、聞名、聞立鶴、高孝貞、聞翻

南嶽聖經學院圖（劉兆吉保存）。這裏當時是長沙臨時大學文學院校舍，聞一多在此處與錢穆、吳宓、沈有鼎同居一室，渡過了抗戰的最初歲月

可是種種消息讓人捉摸不定，加之聞一多已獲批准休假，於是匆匆帶著三個孩子和保姆趙媽也南下了。行前，除了《三代吉金文存》和《殷墟書契前編》兩部書外，一切細軟甚至妻子結婚時的首飾都沒帶走。

隨著淞滬戰爭爆發，國民黨政府發表《自衛抗戰聲明》，全國抗戰正式開始了。此時，北方各大學紛紛搬遷，清華大學奉命遷到長沙，與北京大學、南開大學合組為「國立長沙臨時大學」。鑒於南下教師不多，學校希望聞一多暫緩休假，他立刻答應，於10月23日趕到長沙，接著趕往暫設在南嶽的臨時大學文學院。

南來的學生漸漸多起來，但又一批批離開學校，有的投軍，有的參加戰時建設。聞一多開設的《詩經》、《楚辭》是臨時大學選修者最多的課程，但仍感到人心未定。他站在教育的立場上，認為一個大學生的價值遠高於一個普通士兵，所以第一次上課時，他指出學生報國應當從事

更艱深的工作，既然留下來，就
要認真讀書。其時，一些教授也
曾等候過政府徵調，但久久沒有
音訊，有的人去武昌投效，卻敗
興而歸，只得安心教書。

湘黔滇跋涉三千里

　　還在南京失守，武漢吃緊之
時，長沙臨時大學便擬議遷滇。
入滇辦法有乘車與步行兩種，聞
一多經過慎重考慮，決定與學校
組織的湘黔滇旅行團步行入滇。

　　為了安全抵達昆明，長沙臨
時大學湘黔滇旅行團採軍事組織
形式，團長由湖南省主席張治中
指派原東北軍師長黃師岳擔任，
參謀長由長沙臨時大學軍事教官
毛鴻擔任，另設輔導團由參加步
行的聞一多和黃鈺生、袁復禮、
李繼侗、曾昭掄諸教授充任。參
加步行的學生280餘人，全部穿
軍裝，背雨傘。

　　1938年2月19日，長沙臨時
大學湘黔滇旅行團整隊至湘江
邊，20日下午乘五條民船離開
長沙，23日抵益陽登岸，此後
便進入步行。

貼有「長沙臨時大學」標籤的聞一多衣箱

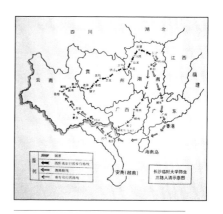
長沙臨時大學師生三路入滇示意圖

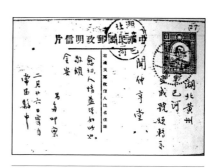
2月26日聞一多到達常德後給家人的明信片

湘黔滇旅行團乘民船離開長沙

湘黔滇旅行團在行進中

湘黔滇旅行團途中休息

1938年4月11日湘黔滇旅行團渡盤
江，前三為聞一多

湘黔滇旅行團教師途中合影，中間蹲者為聞一多，餘者左起為：李嘉言、郭海峰、李繼侗、許維遹、黃鈺生、袁復禮、曾昭掄、吳徵鎰、毛應斗

湘黔滇途中的聞一多與李繼侗教授

旅行途中，許多人用日記記錄下沿途的感受，聞一多則操起擱置多年的畫筆，作了50餘幅風景速寫。這些記錄壯麗河山的速寫，表達了一個赤子對祖國的熱愛。

旅行團行進中，大家唱著《游擊隊隊員之歌》、《大刀進行曲》等救亡歌曲。4月12日在安南（今晴隆）得到台兒莊大捷的消息，旅行團立即舉行遊行慶祝，小小縣城頓時沉浸在勝利的喜悅中。

19日過勝境關，進入雲南。

聞一多在湘黔滇跋涉中小憩

速寫：牟珠洞（1938年3月29日）

聞一多在湘黔滇途中作畫

速寫：重安江煉子橋（1938年3月24日）

速寫：貴陽甲秀樓（1938年4月1日）

速寫：安南縣魁星樓（1938年4月15日）

速寫：黔靈山東峰（1938年4月1日）

湘黔滇旅行團在安南慶祝台兒莊大捷

速寫：安順縣文廟（1938年4月7日）

湘黔滇旅行團進入雲南省境時，省政府派汽車運送行李

速寫：盤縣近郊（1938年4月17日）

速寫：盤縣女子小學欄前（1938年4月17日）

1938年4月20日湘黔滇旅行團在進入雲南省的第一個縣平彝縣（今富源）衙門內，受到縣長的招待

22日經沾益抵達滇東重鎮曲靖。過了這裏，只見地勢開朗，阡陌縱橫，麥子也黃了，油菜、蠶豆都將熟，這一切彷彿是歡迎旅行團的來臨，平添了人們心頭的喜悅。

4月27日下午，大隊人馬抵達昆明東郊大板橋。這時，聞一多和另一位參加湘黔滇旅行團的李繼侗教授的鬍子已有寸長，兩人共攝一影，相約抗戰勝利時再剃掉。果然，聞一多的鬍子一直留到日本投降的那一天。

4月28日晨，旅行團離大板橋，午後由東門進入昆明城，先期到達的師生們紛紛前來歡迎，北大校長蔣夢麟親往接應，清華校長楊貽琦在圓通山致歡迎詞。

長沙臨時大學湘黔滇旅行團穿越湘黔滇三省27縣數百村莊，行程3300餘里，除乘舟車外，步行2600餘里，譜寫了抗戰教育史上可歌可泣的一頁，正如胡適所說：「這段光榮的歷史，不但聯大值得紀念，在世界教育史上也值得紀念。」註1

湘黔滇旅行途中休息，右
前第一人為聞一多

1938年4月27日，湘黔滇旅行團到達昆明東郊大板橋，
聞一多與李繼侗教授都蓄起了鬍子，並相約抗戰不勝
利不剃去。圖為兩人在大板橋合影

湘黔滇旅行團團長黃師岳中將

對聞一多來說，湘黔滇沿途給他印象最深的是全國上下一心
的抗戰熱情，無論走到哪裡，不管那裏對抗戰形勢瞭解的還多麼粗
淺，都眾口一詞地表現出反對日寇的決心。同時他沿途的所見也
加深了對舊中國的認識。人民的貧困、文化的落後，道旁的罌粟，

圖上：4月28日，湘黔滇旅行團到達昆
　　　明。圖為大隊由拓東路經過近日樓
圖下：清華大學校長、西南聯大常委梅貽
　　　琦在圓通公園歡迎湘黔滇旅行團

湘黔滇旅行團在大觀樓唐繼堯銅像下開茶話
會，居中坐者為聞一多

西南聯大校領導與湘黔滇旅行團教師在昆明合影，二排右三為聞一多。前
排右起為：潘光旦、楊振聲、梅貽琦、黃師岳、蔣夢麟、李繼侗、黃鈺生

《西南采風錄》封面

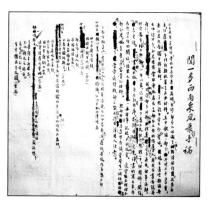

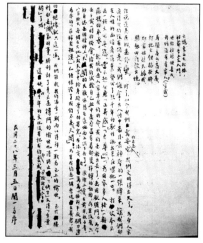

還有不斷出現在眼前如《石壕吏》中描寫的抓壯丁，都讓他感到心痛。多年來，他對中國社會的下層生活有所隔膜，現在好像貼近了些。

聞一多為劉兆吉《西南采風錄》所作序言的手稿

　　湘黔滇途中，劉兆吉同學採集了許多民間歌謠，後來編成《西南采風錄》，並請聞一多為此書寫了序言。在序中，聞一多結合抗戰實際寫到：「如今人家逼得我們沒有路走，我們該拿出人性中最後、最神聖的一張牌來，讓我們那在人性的幽暗角落裏蟄伏了數千年的獸性跳出來反噬他一口中。……我們是豁出去了，是困獸猶鬥。」

西南聯大蒙自分校校門

「初到邊陲」

聞一多到昆明時，長沙臨時大學已改稱「國立西南聯合大學」，由於校舍不敷，文學院在邊城蒙自住了一個學期。

當時，聞一多與教師們住在歌臚士洋行樓上，在這裏聞一多埋頭治學，很少下樓，鄭天挺教授贈他一個雅號「何妨一下樓齋主人」。這個雅號很快傳遍了學校。

在蒙自，一些喜愛詩歌的學生組織了一個「南湖詩社」，聞一多很高興與朱自清擔任了詩社的導師。

1938年暑假後，聞一多回到昆明。時，全家住在小西門內福壽巷。

9月28日，日本飛機第一次轟炸昆明，聞一多頭部被牆上掉下的磚頭打破，血流滿面。

　　1938年年底，汪精衛經昆明到河內，走上投敵叛國的可恥之路，激起全國民眾的極大憤慨。帶著堅持抗戰、反對投降的激情，聞一多於1939年初參與了西南聯大外文系教授陳銓改編的抗戰話劇《祖國》的演出。

聞一多在雲南蒙自所住的歌臚士洋行

蒙自縣「聞一多故居陳列室」

聞一多、朱自清為導師的南湖詩社（劉兆吉保存）

1939年7月，聞一多與聯大教授孫毓棠、國立藝專校長吳鐵翼聯名寫信給重慶的曹禺，動員他來滇導演話劇《原野》。是月中旬，曹禺來到昆明，經商定，演出《原野》與《黑字二十八》（又名《全民總動員》，曹禺與宋之的創作），並請聞一多擔任《原野》舞臺設計。聞一多對此劇傾注了大量心力，根據曹禺介紹的創作意圖和劇中人物性格，對每件道具、佈景都反覆做了推敲。他認為焦大媽

昆明小西門福壽巷院內

與三子立鵬、長女聞名在福壽巷

1940年10月至1941年1月被日本飛機炸毀的西南聯大校舍

1939年春，聞一多在西南聯大師生演出抗日話劇《祖國》時的留影

演出《祖國》時的留影，右起為：聞一多、孫毓棠、鳳子、陳銓

陳銓在《聯大劇團籌演祖國的經過》中寫到：「談到導演，我們第一個要感謝的，就是中國藝術界的老將聞一多先生。聞先生自從《死水》出版，開創中國詩壇的新方向以後，一直到現在都埋頭在攷據的工作。這一次居然肯答應出來幫忙。舞台面的設計，完全是聞先生一人的手筆，解決了導演第一步的困難。以後幾次重要的排演，聞先生現身參加，貢獻許多最可貴的意見。假如這一次公演，能夠相當的成功，那麼聞先生是我們第一個功臣。」（昆明《益世報》，1939年2月18日聯大劇團公演《祖國》專輯）

慶祝《原野》演出成功的聚餐會，左四為聞一多，左五為曹禺

1939年8月17日昆明《益世報》刊登的話劇《原野》演出廣告

堂屋裏的桌子必須給人一種沉甸甸的感覺，以示封建壓力的沉重。曹禺很重視這個建議，以後該劇多次演出，均照此辦理。對於佈景，聞一多起草過一些平面圖，有的還製成模型，當人們看到大森林的陰森恐怖與神秘躍然而出時，又一個個豎起姆指連聲說：「沒想到！沒想到！」1948年4月清華劇藝社再次上演《原野》時，朱自清寫了這樣一段話：「聞一多先生設計《原野》的時候（在戰時的昆明聯大），將那些神怪的部分，酌量刪掉了許多。但是曹禺先生總要求保留些，聞先生終於做到適可為止。作為觀眾之一的我，已經感到了恐怖的氣氛，命運的悲劇。這是一種詩的氛圍，詩的力量，表現在焦大媽身上最多，其次是在仇虎身上。自然，這種表現是配合著聞一多先生的恰如其分的設計的。」[註2]

《原野》演出後,陪曹禺游昆明西　　　1943年,在話劇《風雪夜歸人》中擔任
山時留影　　　　　　　　　　　　設計時的留影

　　《原野》演出前,聞一多特撰寫「說明書」,指出劇中「蘊蓄著莽蒼渾厚的詩情,原始人愛欲仇恨與生命中有一種單純真摯的如泰山如洪流所撼不動的力量」,而「這種力量對於當今萎靡的中國人恐怕是最需要的」。[註3]《原野》的演出轟動了春城,雖然連日大雨,但天天滿座,不得不在演出《黑字二十八》後又加演《原野》7天。這次演出在昆明話劇史上是破天荒的第一次,朱自清說:「兩個戲先後在新滇大戲院演出,每晚滿座,看這兩個戲差不多成了昆明社會的時尚,不去看好像短著什麼似的」,「這兩個戲的演出確是昆明一件大事,怕也是中國話劇界的一件大事」。[註4]

主持清華大學中文系

　　1939年秋,聞一多獲准休假,全家搬到滇池南端的晉寧縣。日本飛機不來這裏轟炸,可以安靜地進行「上古文學史」課程準備。

西南聯大新校舍

西南聯大新校舍大門

1940年6月，清華中文系主任朱自清開始休假，聞一多代理其職。1941年夏，朱休假結束，但身體一直不好，常鬧胃病。為朋友健康著想，聞一多正式就任清華中文系主任，但對學校說抗戰勝利後就辭去職務。

1941年7月，清華大學恢復文科研究所，中國文學部主任依例由中文系主任擔任。這樣，聞一多除了教學外，還要負責一些研究項目和培養研究生。清華文科研究所在東北郊15里的龍泉鎮司家營，聞一多一家都搬到這裏住，朱自清、浦江清、許維遹、李嘉言、何善周等也曾在這裏住過。王力、陳夢家則住在附近鎮上，那裏還有南遷來的北平

1944年歡送羅常培赴美國考察，中文系教授在昆明大普吉鎮合影。左起為：朱自清、羅庸、羅常培、聞一多、王力

研究院、北平圖書館及北大文科研究所等。一時，這一帶學術空氣甚濃，成了一個文化小中心。

聞一多一心想把清華文科研究所辦成第一流的科研機構，他指導的研究生有季鎮淮、施子愉、范寧、傅懋勉等人。為了培養後繼力量，他動員在五華中學任教的清華畢業生王瑤報考研究生，並讓他在學校擔任半時助教，以解決生活問題。

在論資排輩的高等學府，職稱對一個青年人來說是至關重要的。聞一多出任系主任後，為青年人的職稱晉升做了許多努力。1941年，他為已任助教六年的李嘉言晉升教員事致函學校，稱其服務多年，辛苦彌著，應「允宜優禮，用酬賢勞」。[註5]後又致函梅貽琦，請求為李加薪。清華各研究所一般只設助理不設助教，但助教因能兼課，地位略在助理之上。1943年，文科研究所新聘葉金根，為了替他爭取略高地位，聞一多以「葉君畢業成績為歷年所僅見」為由，建議學校給他助教名義。這前後，聞一多還為朱兆祥、何善周、季鎮淮等人力爭助教或半時助教名義。[註5]這些工作，對穩定研究隊伍起到良好的作用。

對於後學青年，聞一多竭力提攜。1942年底，他收到在重慶南開中學教書的聯大教育系畢業生劉兆吉來信，信中對《樂府・孤兒行》中「面目多塵」一句提出疑問，聞一多讀後立即把它推薦給余冠英編的《國文月刊》發表。某年冬天，一個同學要借他的四冊《詩經長編》手稿，聞一多連其姓名都沒問，就爽快地借給他。何善周做兩漢文學史參考資料選注工作時，聞一多也把自己的手稿搬出來，任其隨意挑選。1943年春，季鎮淮寫了篇對古書中常出現的「七十二」數字的考據，聞一多看後加了許多意見，還讓何善周再查資料，最後自己又花了五個晝夜重寫了一遍。論文完成後，他堅持用三個人的名義發表，並在附識中說自己不過「多說了些閒話，當了一次抄胥」。[註7]

1946年5月3日西南聯大中文系全體師生合影，二排左四為聞一多

同上圖（局部），二排左起為朱自清、馮友蘭、聞一多

　　當然，有時候，聞一多也戲劇性地教訓一下學生，讓他們知道做學問的甘苦。1942年初，鄭臨川同學趕著做畢業論文，可資料還不很夠，向聞一多告急。聞一多讓他寒假來司家營住段時間，在文科研究所查閱資料。鄭臨川以為定有秘笈相授，高高興興下了鄉。一連好幾天，聞一多沒有像平時那樣做具體指導，只讓他自己在書庫中隨意翻撿。看看半個月過去了，收穫還是有限，鄭臨川不免焦

慮，終於提出要返回城裏去的想法。聞一多知道這個理由是編出來的，卻不揭破，只是約他午休後談一次。

午休後，鄭臨川走上樓，只見聞一多搬出大小厚薄的一些手抄本，説：這是我多年抄集下來關於唐代詩人的資料，好些是經過整理的，裏面有不少是你需要的東西，你就拿去抄些吧！將來你如果研究唐詩，我可以全部拿給你。鄭臨川聽了十分激動。聞一多繼續説；為什麼不早拿給你，要等到半年後的今天呢？我是有意讓你經過一番困苦探索的過程，使你懂得做學問的艱難。你嫌自己半年來搜集的太少，就該知道老師這些資料是付出多少年的心血吧。要知道，做學問當像你們三湘的「女兒紅」（指湘繡），是成年累月用一針一線辛苦織成的，不是像跑江湖的耍戲法突然變出來的。你能懂得做學問的艱難，才會自己踏實用功，也不至信口批評，隨意否定別人的

《聞一多論古典文學》，鄭臨川整理的聞一多講課筆記，1984年由重慶出版社出版

1944年4月為清華大學文科研究所助教劉功高結婚作主婚人，圖為聞一多等在結婚織錦上的簽名

成績。註8這番話，是針對鄭臨川去年打算寫篇否定屈原存在的文章說的，鄭臨川聽了心裏熱乎乎。

>>> **注釋** --

註1：《梅貽琦、黃子堅、胡適在聯大校慶九周年紀念會上的講話摘要》，《笳吹弦誦在春城──回憶西南聯大》第514頁，原載北平《益世報》1946年11月2日。

註2：1948年4月朱自清為清華劇藝社公演《原野》所撰寫的節目單扉語。

註3：轉引自李喬：《看了「原野」以後》，《雲南日報》1939年8月23日。

註4：朱自清：《「原野」和「黑字二十八」的演出》，昆明《今日評論》第2卷第12期，1939年9月10日。

註5：清華教師職稱特殊，分教授、講師、教員、助教四級。講師相當於副教授，教員則相當講師。時李嘉言，仍為助教。

註6：《文學院各學系教師異動的來往文書》，清華大學檔案室存。

註7：《七十二》，《國文月刊》第22期，1943年7月。

註8：鄭臨川：《聞一多論古典文學‧代序》，重慶出版社1984年11月出版。

第六章　學術大手筆

聞一多是個事業心極強的人。他短暫的**47**年生涯中，除了求學和後期投身民主運動，絕大部分光陰和精力都傾注在學術研究與教書育人上。他整理和寫下數百萬字的資料與論著，這些財富不僅是個人辛勤耕耘的結晶，同時也為中華文化事業的繁榮增添了不朽一頁。

研究領域略述

聞一多的學術研究以中國古典文學為對象。最早引起他重視的是唐代文學，他出國留學本是攻讀西洋美術，可隨身攜帶的則是唐人文集。1928年8月，初試之作《杜甫》發表于《新月》，這篇傳記不能使他滿意，隨後轉入基礎工作，完成《少陵先生年譜會箋》。

回到清華園是「向內走」的開始，聞一多初擬了八個計畫項目，其中《全唐詩校勘記》、《全唐詩補編》、《全唐詩人小傳訂補》、《全唐詩人生卒年考》、《杜詩新注》、《社甫》（傳記）都屬於唐代文學範疇。他還曾編過一部《唐詩大系》，收入263位作者的1393首詩作，其規模對一個人來說可謂宏大。在人物研究上，聞一多著有《岑嘉州繫年考證》、《岑嘉州交遊事略》、《四傑》、《孟浩然》、《賈島》、《陳子昂》等。其中《説杜叢鈔》

上海《時事新報》上連載的聞一多《詩經的性慾觀》

收錄了前人在杜甫研究上的諸多成果，份量很重。在他的遺稿中，還有《唐人遺書目錄標注》、《唐人九種名著敘論》、《唐文別裁集》、《唐詩要略》、《唐詩校讀舉例》、《全唐詩辨證》、《唐風樓捃錄》等。

作為詩人，研究唐詩是很自然的，而從唐詩上溯到《詩經》也同樣很自然，因為後者正是中國文化的源頭。1927年7月，聞一多曾在《時事新報‧學燈》上連載過《詩經的性欲現》，它試圖運用文化人類學的方法來窺視《詩經》時代人的心態變化，其觀點與傳統的注經截然不同。這篇文章對瞭解聞一多的學術思想與方法極有幫助。

《詩經》研究在清華園時便結出了累累果實，《詩經新義》、《詩經通義》、《風詩類鈔》、《詩新台鴻字説》、《姜嫄履大人跡考》、《高唐神女傳説之分析》、《匡齋尺牘》等陸續問世。為了系統研究《詩經》，他計畫編一部《毛詩字典》，在課堂上，他要求學生各在《詩經》中選一個字，然後把所有各篇中有這個字的句子全部集中起來，按照句法結構把它分成幾類，再從聲和形兩個方面來求義，並注意古代廋辭的用法和含義。[註1] 盧溝橋的炮聲使

聞一多用古籀文書寫的《詩經》

《毛詩字典》流產了，不過手稿中仍有《詩經詞類》等，可以說是此項工作的準備。

　　與《詩經》同一時代的《楚辭》也是聞一多致力的對象。《天問釋天》、《離騷解詁》、《楚辭校補》、《離騷雜記》、《敦煌舊鈔本楚辭音殘卷跋》、《怎樣該九歌》源源見諸於世。在他的手稿中，《楚辭》部分數量甚眾，略計有《楚辭章句》、《楚辭雜記》、《九歌雜記》、《九歌釋名》、《楚辭考義補》、《離騷釐義》，以及《真的屈原》、《廖季平論離騷》、《九歌新論》、《東皇太一考》、《九歌的結構》、《論九章》等。

　　《楚辭校補》是聞一多的力作，其耗時十餘年，1942年3月由重慶國民圖書出版社付梓，同年11月再版，後經教育部學術審議

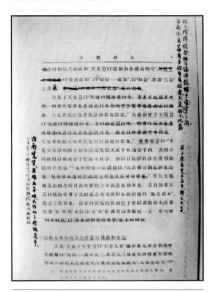

用古籀文書寫的《離騷》

聞一多在發表的《天問釋天》上的修改文字

會評審，獲1943年度全國二等獎。該書採用四部叢刊本洪興祖《楚辭補注》為底本，徵引古今諸家舊校者65家，及歷代諸家成說之涉及校正文字者28家，又取駁正者3家。該書在抗戰艱苦時期的邊疆地區完成，其難度之大可想而知，它充分證明聞一多在治學上的頑強與徹底精神。

上古文學研究常碰到古文字這個障礙，聞一多在古文字上也下了一番相當的功夫。手稿中有《甲骨文拾證》、《金文疏證》、《金文舉例》、《金文類鈔》、《金文雜考》、《三代吉金文釋》、《三代吉金文存目錄》、《三代吉金文存辨證》等，就是他的成果。至於《全集》所收的《釋朱》、《釋為釋豕》、《釋桑》、《釋絲》、《釋齲》、《釋余》等等，不過是其中一小部分。

除上述外，聞一多對《莊子》、《爾雅》、樂府也傾注過相當的努力。《莊子義疏》、《莊子校補》、《莊子章句》、《莊子校拾》、《莊子札記》、

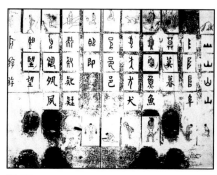

聞一多繪製的古文字演變圖

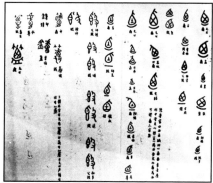

聞一多古文字研究手稿

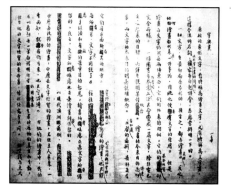

《字與畫》手稿

《莊子人名考》、《莊子校釋》等雖未發表，但其學術價值必有公論。他曾手批過馬敘倫《莊子義證》，前後用紅、藍兩色筆，除紅色被水漬漫漶外，尚存的還有513條。《樂府詩箋》1940年l0月起陸續刊登在昆明《國文月刊》。

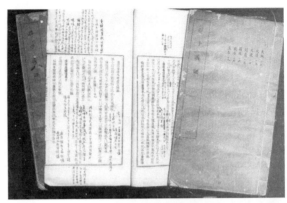

聞一多讀《莊子義證》一書時的批語

1939年秋後，聞一多休假一年，全家搬到晉寧縣。圖為聞一多當年居住的小院外景

　　聞一多在神話研究中也有豐碩的成就。神話是人類社會生活中與大自然鬥爭的藝術概括，聞一多緊緊把握住這一關鍵，寫下《伏羲考》、《從人首蛇身談到龍與圖騰》、《神仙考》、《端午考》、《二女考源》、《史前故事捃逸》等。這些研究的意義在聞一多筆下大大超出了考證本身。

學術研究的幾個特點

　　一個學者能否在事業上獲得成功，除了具有淵博的知識外，研究的方法不能不說是極重要的一個因素。聞一多的學術工作就很富

聞一多後人在晉寧縣與當年房東一家人合影

聞一多休假結束後給清華大學校長梅貽琦的《中國上古文學史研究報告》

有特色，他不但繼承了前人的寶貴傳統，也吸取了現代的觀點與方法，所以能夠在學術的海洋中自由地游泳。

重視研究材料是任何一個學者的基本素養，聞一多在這條路上走過一段艱巨的歷程，所花費的氣力可以說是驚人的。比如寫《社

聞一多的講義

甫》傳記時，他感到材料的缺乏，於是收集了與杜甫交往過的360餘人資料，寫成《少陵先生年譜會箋》。進而，又將視野擴大到整個唐朝，從事《全唐詩人小傳》的編纂。這部書雖冠以「小」字，卻達60多萬字，涉及406位詩人。又如《楚辭校補》共列96家，上自西漢司馬遷，下至今人劉盼遂、劉永濟、游國恩、陸侃如、郭沫若等，凡所能見到的成說盡在其中。除了文字材料，文物、繪畫、石刻、口傳資料也在聞一多筆下變活了，無一不運用自如。

聞一多在處理材料上繼承了清代朴學大師的考據精神。他認為《詩經》中的風詩是愛情詩，便從「風」字的古義講起，說它從蟲，「蟲」即《書經·仲虺之誥》中的「虺」，就是蛇。《論衡》和《新序》中記載孫叔敖見兩頭蛇，實際看到的是兩蛇在交尾，它就是這「虺」字的原義。《左傳》云「風馬牛不相及」，是說馬牛不同類，故不能「風」，不能交配。後世之風

流、風韻、風情、風月、風騷等辭彙，均與異性相慕之情有關。類似的「饑」、「魚」等字，他也做過這樣的考據與分析，結論總是先讓人大吃一驚，然後又心悅誠服。

在學術研究中，聞一多有許多驚人發現。如《詩經‧邶風‧新台》中「魚網之設，鴻則離之」的「鴻」字，兩千多年來都認為是鴻鵠。聞一多審視全文，認為捕魚之網捕到一隻鴻鵠是件好事，為什麼詩意卻為壞事呢？由

由於日本對昆明狂轟濫炸，聞一多全家疏散到昆明郊區大普吉。圖為聞一多與長子立鶴、長女聞名在大普吉橋頭

此發問進而考據，結果發現這裏的「鴻」，實際上是蟾蜍。郭沫若對此甚為讚歎，說：「這確是很重要的發現。要把這『鴻』解成蝦蟆，然後全詩的意義才能暢通。全詩是說本來是求年青的愛侶卻得到一個弓腰駝背的老頭子，也就如本來是想打魚而卻打到了蝦蟆的那樣。假如是鴻鵠的鴻，那是很美好的鳥，向來不合惡義，而且也不會落在魚網子裏，那實在是講不通的。然而兩千多年來，差不多誰都以這不通為通而忽略過去了。」[註2]

這種考據與訓詁使聞一多得益匪淺，也是他能發出驚世駭俗之言的有力依據。黃宗羲說過「讀書不多無以證斯理之變化」，聞一多是受這種學術思想的啟迪的，他在《楚辭校補‧引言》中說：遠古的文學作品所以難讀，大概由於年代久遠、文字隔膜、傳本訛

誤，「所以在研究它時，我曾針對著上述諸點，給自己定下了三項課題：（一）說明背景，（二）注釋詞義，（三）校正文字」。這的確是發人深省的治學之道。

聞一多注重考據訓詁，但他沒有忘掉這一工作只是為了掃除學術上的文字障礙，其目的是「說明背景」，其手段之一是首先需還原作品的本來面貌。在《匡齋尺牘》中，他說：「今天要看到《詩經》的真面目，是頗不容易的，尤其是那聖人或『聖人們』賜給它的點化，最是我們的障礙。當儒家道統面前的香火正盛時，自然《詩經》的面目正因其不是真的，才更莊嚴，更神聖。但在今天，我們要的恐怕是真，不是神聖。」「讀詩時，我們要瞭解的是詩人，不是聖人。」

產生於遠古時期的《詩經》保留著許多蠻荒時代的遺痕。聞一多的工作就是首先揭開罩在《詩經》上的政治說教面紗，把人們帶到西周初年和春秋中葉那段長河中去。

《詩經》中有首《芣苢》，全詩三段十二句，除重複的字句，變化的只有六個字。聞一多抓住這六個字，作了一篇《芣苢篇》。他說：「一首詩全篇都明白，只剩一個字，僅僅一個字沒有看懂，

1940年秋後，聞一多全家從大普吉搬到陳家營的住所，他在這裏寫下許多學術論著。

也許那一個字就是篇中最要緊的字，詩的好壞，關鍵全在它。所以，每讀一首詩，必須把那裏每個字的意義都追問透徹，不許存下絲毫的疑惑。」

「芣苢」就是車前子，草本植物，多籽，每逢秋季道邊野地處處可見，有頑強的生命力。聞一多從訓詁入手，認為「芣苢」原來的本意是「胚胎」，因為具有「宜子的功用」，被原始的女性用來當作「結子的慾望」的表現。那時，女人是種族傳遞蕃衍生機的工具，沒有孩子就會受到詛咒以致驅逐，還會受到「神──祖宗的譴責」。知道這點還不夠，聞一多說還需「知道由那功用所反映的一種如何真實的，嚴肅的意義──有了這種種認識，你這才算真懂了《芣苢》，你現在也有了充分的資格讀這首詩了」。這裏，聞一多不僅還原了《芣苢》的本來面目，也還原了初民的生活與感情，這與《詩序》說「《芣苢》，后妃之美也」和《韓詩》「傷夫有惡疾」的解釋有多麼大的區別。

《周易》是部很古老的書，前人在這部書上傾注過相當的氣力。聞一多沒有沿老路走下去，他用社會學的眼光來對待《周易》，抱著「鉤稽古代社會史料之目的」，摘出了為一般人所忽略的材料。他把這些材料分成經濟、社會、心靈及餘錄四大類，再分成器用、服飾、車駕、田獵、牧畜、農業、行旅、婚姻、家庭、宗族、封建、聘問、爭訟、刑法、征伐、遷邑、妖祥、占候、祭祀、樂舞、道德、觀念等21個小目。這種「不主象數，不涉義理」的方法，給《周易》研究注入了新的立意，死的材料在此處變成活的生活鏡子。

在研究中國古代文學中，聞一多一直在構劃著一部「史的詩」或「詩的史」。1939年6月初，他發表了一篇《歌與詩》，這是《上古文學史講稿》中的一章。文中從原始人最初因情感激蕩而發出「啊」、「哦」、「唉」或「嗚呼」、「噫嘻」一類的聲音，推斷出這些音樂的萌芽是「歌」的起源，它的作用在於抒情。而

為陳家煜同學題寫的《詩經》條幅

「詩」，在最初古人觀念中是為了訓志。聞一多認為，「志有三個意義：一記憶、二記錄、三懷抱，這三個意義正代表詩的發展途徑上的三個重要階段」，這樣「詩」的本質就成為記事了。隨著社會發展，人們產生新的需要，詩與志開始分家，並與歌逐漸合流。聞一多說「詩與歌合流真是一件大事，它的結果乃是三百篇的誕生」。詩與歌合流之後，詩的內容又變過一次，這就是「詩訓志」。在結論中，聞一多認為「三百篇有兩個源頭，一是歌，一是詩，而當時所謂詩在本質上乃是史」。這真是上古文學史研究上一大創見。

聞一多特別強調詩的本質乃是史，這點十分重要。多年來中國是否有「史詩」的問題一直懸而未決，羅馬有史詩、希臘有史詩，難道中國就沒有史詩嗎？聞一多對此一直耿耿在心，文末說：「知道詩當初即是史，那惱人的問題『我們原來是否也有史詩』也許就有解決的希望。」可見，他的目的是探索中國文學史的源頭。

學術研究不是為了自娛，聞一多從來沒有陶醉在新的發現之中，在國土淪喪，中華民族面臨生死存亡的緊要關頭，他的研究工作也帶有某種現實的意義，這一點突出表現在對「龍」與「圖騰」的研究上。

聞一多為撰寫《伏羲考》時所繪的圖

龍是中華民族的象徵，是一種虛擬而並不存在的動物，歷史上曾有許多人考證過它的來歷，認為它是一種圖騰。聞一多根據前人的成果，指出：龍的主幹是以蛇為主體的一種圖騰。很遠古時期，各個部落都有不同的圖騰，經過漫長的強勝弱、大勝小的兼併，一個新的部落誕生了，各個圖騰也在新的圖騰中混合起來。「龍圖騰，不拘它局部的像馬也好，像狗也好，或像魚，像鳥，像鹿都好，它的主幹部分和基本形態卻是蛇。這表明在當初那眾圖騰單位林立的時代，內中以蛇圖騰為最強大，眾圖騰的合併與融化，便是這蛇圖騰兼併與同化了許多弱小單位的結果」。於是，「大蛇這才接受了獸類的四腳，馬的頭，鬣的尾，

聞一多的上古文學史研究手稿

聞一多在昆明司家營清華大學文
科研究所用過的卡片箱

鹿的角，狗的爪，魚的鱗和鬚」，這「便成為我們現在所知道的龍
了」。[註3]這裏，聞一多論證了龍是若干圖騰的綜合體，從而證明了
中華各民族的同源性。

　　人們一般認為龍是夏後氏──即北方民族──的圖騰。聞一多
卻提出一個假設，認為夏後氏與南方的伏羲氏是「最初同屬於龍圖
騰的團族」。其根據有二。一是《山海經》中即有夏後氏與苗族關
係的記載；二是漢苗兩族關於洪水時代的神話不僅故事相似，連
人物「共工」與「雷公」也很一樣。他的《伏羲考》中論述這些
甚詳，由此而推論漢苗同圖騰同祖先。接下，他又考證出匈奴的圖
騰原也是龍，黃帝亦是龍。「古代幾個主要的華夏和夷狄民族，差
不多都是龍圖騰的團族，龍在我們歷史與文化中的意義，真是太重
大了。」這個極有說服力的結論，不僅對探討中華文化有很大的意
義，就是對民族團結抵禦外侮，也具有巨大的意義。

文學的運動方向

　　聞一多的學術研究給後人帶來許多啟發，其中把文學看作一種
歷史運動就是一例。研究初唐文學時，聞一多不是把初唐看作一個
籠統的概念，而是分成唐政權建立至武後交割政權、此後再到開元

初年兩個階段，說「我們要談的這五十年，說是唐的頭，倒不如說是六朝的尾」。這是大膽地打破了世傳的王朝體系，把文學放在自身的歷史運動中來進行考察。

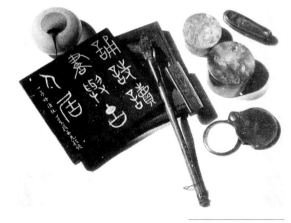

聞一多的文房四寶

1943年秋天，聞一多在中法大學講授中國文學史時，有一份《四千年文學大勢鳥瞰》提綱。這個提綱將中國文學分為四段八大期，其中四個階段分別為：「本土文化中心的構成」、「本土文化區域的擴大」、「第一度外來文化（印度）的漸次吸收」、「第二度外來文化（歐洲）的大量接受」。由此可見，聞一多將中國文學史置於世界文化的廣闊領域內去進行分析。

上述認識在《文學的歷史方向》一文中有進一步的闡述。他說：文學是在人類歷史的長河中不斷向前運動的，世界上對文明影響最大最深的古老民族印度、以色列、希臘、中國，差不多是同時抬頭邁步，而且它們文化猛進的開端都表現在文學上。可是這四個文化有三個都轉了手，「有的轉給近親，有的轉給外人，主人自己卻都沒落了」。究其原因，「許是因為他們都只勇於『予』而怯於『受』。中國是勇於『予』而不太怯於『受』的，所以還是自己的文化的主人」。但是，這「僅免於沒落的劫運而已」，「僅僅不怯於『受』是不夠的，要真正勇於『受』」。他大聲道：「歷史已給我們指示了方向——『受』的方向，如今要的只是勇氣，更多的勇氣啊！」註4

從學術觀點看，聞一多關於文學運動的認識無疑是進步的。更可貴的，是他沒有把自己的認識停留在學術研究上，他從發展的眼光出發，從學術研究的結論中孕育出了新的思想轉變。於是，科學引導聞一多走上了一條嶄新的人生道路。

《戰後的文化》（手稿）

12卷本的《聞一多全集》，湖北人民出版社出版

>>> 註釋

註1： 王瑤：《念聞一多》，《聞一多研究四十年》第135頁，清華大學出版社1988年8月出版。

註2： 郭沫若：《聞一多全集‧序》。

註3： 《伏羲考》，《聞一多全集》第1冊第26頁。

註4： 聞一多：《文學的歷史方向》，昆明《當代評論》第4卷第1期，1943年12月1日。

第七章 新的道路

貧困的生活

　　1940年夏，聞一多從晉寧休假後搬到昆明小東門節孝巷13號。那時，正是日本飛機狂轟濫炸的時候，9月30日警報又響了，全家匆忙躲入後院一個防空洞，只聽飛機在頭頂忽忽飛過，炸彈在四周捲起塵土，好一會兒才解除警報。大家走出洞，只見一顆炸彈正落在院子中間，幸虧沒有爆炸，否則後果不堪設想。

　　為了安全，聞一多全家搬到昆明北郊的大普吉鎮，不久，又搬到附近陳家營。住在陳家營，是聞一多生活最艱苦的時候。一個月

大普吉鎮清華科學研究所師生及家屬合影，站立左三為聞一多，左七為高孝貞

陳家營村頭的小河，聞一多每天早上帶著孩子到這裏洗臉，還在這裏捉小魚小蝦改善生活

的薪水難以養活八口之家，因此常常提前支薪，再不行，就開始借債了。每天吃的是豆渣和白菜，偶爾買塊豆腐，就算改善生活。聞一多很樂觀，笑著說豆腐是白肉，有營養。那年冬天奇寒，他把僅有的件皮大衣送進寄賣行，回家就發起高燒，在妻子苦苦哀求下才追索回來。讀書人最愛書，然而為了過日子，他忍痛把好不容易從北平帶出來的幾部古籍賣給學校。把書送到圖書館時，他的眼裏含滿了辛酸，說：將來回北平還要贖回來。

對於這種艱苦環境，聞一多並沒有什麼怨言，他總和前線抗戰的將士相比，說人家在拼命，我們只不過生活苦些罷了。陳家營村邊有條小河，為了省些炭錢，每天清晨帶著孩子們去河邊洗臉，一次發現河裏有小魚小蝦，於是七手八腳抓了一些，回來全家算打了回牙祭。但1941年搬到司家營時，經濟上已不堪設想了。

為了燃眉之急，聞一多曾畫過茶葉廣告，後來潘光旦夫人繡了些手帕賣給美國援華人員，繡樣也是請聞一多設計的。

雲南地處邊境，做買賣的人不在少數。朋友們見聞一多如此艱辛，十分同情。中文系教授許維遹有個實業家朋友郭先生，曾主動提出願吸收聞一多入股，不需出資，只掛個名到時適當分紅。聞一

多歷來不願當官做生意，故婉言謝絕。郭先生又提出擔負聞一多長子聞立鶴的學習和生活費用，聽了這話，聞一多流淚了，他感激朋友的好意，卻不肯放棄做父親的責任。不知是誰説：你懂藝術，又會刻圖章，為什麼不利用這門手藝呢？聞一多聽了很動心，於是買了把刻刀。刻石頭不成問題，早在十多年前就為朋友刻過，可雲南特產的是象牙，刻起來極堅硬。刻第一顆時，費了整整一天，右手食指都磨破了。為了招攬生意，浦江清教授特撰了一篇《聞一多教授金石潤例》，其文云：

聞一多繪製的茶葉廣告

秦鉥漢印，攻金切玉之流長；殷契周銘，古文奇字之源遠。是非博雅君子，難率爾以操觚，償有稽古宏才，偶點畫而起趣。

浠水聞一多教授，文壇先進，經學名家，辨文字於毫芒，幾人知己；談風雅之原始，海內推崇。斵輪老手，積習未除，占畢餘閒，遊心佳凍。惟是溫黁古澤，僅激賞於知交；何當琬淡名章，共榷揚於藝苑。黃濟叔之長髯飄灑，今見其人；程瑤田之鐵筆恬愉，世尊其學。爰短言為引，公定薄潤於後。

梅貽琦	馮友蘭	朱自清	潘光旦
蔣夢麟	楊振聲	羅常培	陳雪屏
熊慶來	姜寅清	唐　蘭	沈從文

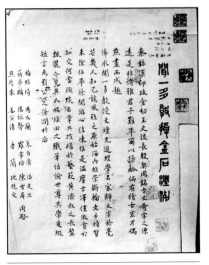

浦江清教授撰寫的《聞一多教授金石潤例》
（手稿）

壯不如人

湅陽布衣

勝殘補闕齋藏

聞一多刻於1927年以前的印章

聞一多對古文字有深厚研究，又專攻過美術，所以能從藝術的構思注意佈局與線條的配合，因之他的圖章也迥然不同一般。

為朋友刻印自然不收費，但為其他人刻印的潤例則隨著物價而浮動，到1945年3月，石章每字漲至1000元，牙章加倍，可顧客仍絡繹不絕。一次，立鶴怒氣衝衝地質問這是不是發國難財，聞一多聽了沒有生氣，沉思了好半晌，末了只說了一句：「立鶴，你這話我將一輩子記著。」立鶴當然知道，要不是這治印的額外收入，一家人每月就要餓半個月肚子，更別說還有五個孩子念書，和一個多病的母親了。

聞一多治印是為了生活，但他贈給朋友的圖章也實在不少，馮友蘭準備售文時，就得到聞一多贈送的兩方寸大的石章，一陽一陰。聞一多在陳家營的時候，華羅庚的家被日機炸毀，聞一多熱情地將他一家接到自己家過了一段「隔簾而居」的生活。那時聞一多做神話研究，華羅庚

吳有訓

華羅庚印

聞家駟

曹靖華印

馮友蘭之鉨

吳晗

佩弦藏書之鉨

一向心寬

徐嘉瑞鉨

坎伯伊弟

坎伯查理

戎馬書生

聞一多1943至1946年刻的印章

聞一多治印

治印的工具

給華羅庚印所刻的邊款

昆華中學教學樓，1944年春後，聞一多在這裏兼任中學教員

著數疊論，兩人結下深厚友誼。1944年年底，聞一多特意給華羅庚刻的一方名章，還刻了幽默中帶有情趣的邊款：「頑石一方，一多所鑿，奉貽教授，領薪立約，不算寒傖，也不闊綽，陋於牙章，雅於木戳，若在戰前，不值兩角。」

除了治印，聞一多還做起了中學教員。聞一多住在鄉下，每次進城上課要走十多里，很不方便。恰在這時，昆華中學的教導主任李埏委託何炳棣請聞一多去開幾次講座。何炳棣是聯大歷史系的講師，當時正在昆華中學兼課，因為不是外人，聞一多便提出願在昆中擔任國文教員，條件是有間房子。學校很爽快地答應了，1944年5月，聞一多一家搬進昆華中學，每月也增加了一石平價米（120斤），還有20塊「半開」（雲南通行的地方貨市，兩個半開合一銀圓），生活比從前有所改善。

然而，親身經歷過下層苦難生活的聞一多，不由地要深思這樣一個問題：這普遍嚴重的局面是怎麼造成的？人們並不畏懼抗

戰所伴生的生活艱苦，但囤積居奇、大發國難財，置人民大眾於水深火熱而不顧，都可以從政治腐敗中找到原因。1942年，日本軍隊打到怒江，使大後方的雲南全省震動。這時，聞一多早己沒有象牙塔中的安逸了，他在生活上已成為平民和貧民，因之觀察問題的角度與方法也發生了極為關鍵的改變。不久，他在一篇文章中寫到：中國要的「不是對付的，將就的，馬馬虎虎的，在饑餓與死亡的邊緣上彌留著的活著，而是完整的，絕對的活著，熱烈的活著——不是彼此都讓點步的委曲求全，所謂『中庸之道』式的，實在是一種虛偽的活，而是一種不折不扣的，不是你死我活，便是我死你活的徹底的，認真的活——是一種失敗在今生，成功在來世的永不認輸，永不屈服的精神。」[註1]和許多愛國知識份子一樣，聞一多也是從對現實的不滿和反省中，開始走上新的道路。

「需要鼓手的時代」

1943年8月的一天，聞一多從朱自清處得到一本詩集，上面刊有解放區詩人田間的幾首詩。初看這些詩，仿佛是口號，但仔細一讀，感到的卻是震撼人心的鼓點。原本講求藝術的聞一多突然像看到一股強烈的生命運動，這震撼催促他提起了筆：

「新詩的歷史，打頭不是沒有一陣朴質而健康的鼓的聲律與情緒，接著依然是『靡靡之音』的傳統，在舶來品的商標的偽裝之下，支配了不少的年月。」聞一多默默地想著。「疲困與衰竭的半音，似乎比歷史上任何時期都變本加厲了的風行著。那是宿命、是歷史發展的必然階段嗎？也許。但誰又叫新生與振奮的時代來得那樣突然！簫聲，琴聲（甚至是無弦琴），自然配合不上流血與流汗的工作。於是忙亂中，新派舊派，人人都設法拖出一面鼓來，你可以想像一片潮濕而發黴的聲響，在那壯烈的場面中，顯得如何的滑

西南聯大校徽

稽！它給你的印象仍然是疲困與衰竭。它不是激勵，而是揶揄，侮蔑這戰爭。」但是，田間的詩沒有「繞樑三日」的餘韻，沒有半音和「花頭」，「只是一句句樸質、乾脆、真誠的話，（多麼有斤兩的話！）簡短而堅實的句子，就是一聲聲的『鼓點』，單調，但是響亮而沉重，打入你耳中，打在你心上」。

用什麼來比喻田間呢？聞一多苦思著。突然，眼前一亮，對，「時代的鼓手」最為恰當，他興奮起來。「當這民族歷史行程的大拐彎中，我們得一鼓作氣來渡過危機，完成大業。這是一個需要鼓手的時代，讓我們期待著更多的『時代的鼓手』出現。」聞一多興猶未盡，他不是放棄了對待的藝術追求，但認為創作藝術的人好比是琴師，「至於琴師，乃是第二步的需要，而且目前我們有的是絕妙的琴師」。[註2]相比之下，倒是鼓手太少了。

開學後，聞一多在聯大第一堂「唐詩」課上，打破了以往不講課外事情的慣例，介紹起田間的詩來了。他帶著剖析自己的語氣說：「抗戰六年來，我生活在歷史裏、古書堆裏，實在非常慚愧。但今天是鼓的時代，我現在才發現了田間，聽到了鼓的聲音，使我非常感動。我想諸位不要有成見，成見是最要不得的東西。諸位想

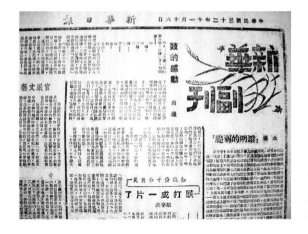

《新華日報》上刊登的記述
聞一多評論解放區詩人田間
的詩的文章

想我以前寫的是什麼詩，要有成見就應該是我。」他像是在現身説法，想以自己拋棄了成見來説服別人也同樣這樣做。

「田間實在是這鼓的時代的鼓手！他的詩是這時代的鼓的聲音。」註3聞一多用這句話提醒在座的同學們。

精湛獨特的見解，清脆爽朗的國語，激動了聽課的學生。過路的人也被這洪亮的聲音吸引住，窗外的旁聽者越擠越多，大家感到聞一多的長髯像過了強電流的鐵絲一樣彈動著，眼睛也像出現了「放電現象」。

這堂課在沉寂的校園引起格外強烈的反響，人們紛紛議論「這聽鼓的詩人怕要變成擂鼓的詩人」。大家慫恿他把所講的內容寫下來，他也躍躍欲試，幾天後，《時代的鼓手──讀田間的詩》便寫成了。在國民黨統治區，一位著名教授敢於公開讚揚解放區的詩人，還是破天荒頭一回。朱自清説，「這篇短小的批評激起不小的波動，也發生了不小的影響」。註4

從故紙堆中走出來的聞一多，立刻受到學生們的歡迎和愛戴。1944年4月9日，西南聯大一些愛好文藝的青年來到司家營聞一多的家，他們打算成立一個詩社，請聞一多擔任導師。

村旁的打穀場上，大家圍坐成小圈，一邊朗誦習作，一邊討論新詩的方向。聞一多多年不寫詩了，但對詩壇的動向仍很關心，他建議詩社要反應時代的氣息，這個氣息的特點就是「新」。他語重心長地說：「當一個人對生活有了這樣那樣的感受，他心頭在激動，他想把這種感受傾吐出來，爭取別人的共鳴。他要用最好的語言去激動別人的感情。這樣的詩才會真實，才會有內容。但是，這樣的詩也十分危險，如果他的感受只是個人的休戚，如果他的感情只是無病呻吟，那他將糟蹋了自己，也浪費了別人的時間，欺騙了別人的同情。」他特別強調：我們的詩社，應該是「新」的詩社，全新的，完全新的詩社。不僅要寫形式上是新的詩，更要寫內容也是新的詩。不僅要做新詩，更要做新的詩人。[註5]

圍坐在四周的何孝達、沈叔平、施載宣、康倪、趙寶煦、黃福海、周紀榮、段明潔、段彩楣、施犖秋、王永良、萬繩枬聽了，頻頻點頭。大家一致贊成把詩社命名為「新詩社」，並把這一天作

昆明東郊龍泉鎮司家營17號清華大學文科研究所，西南聯大新詩社在這裏醞釀成立

聞一多：涅槃的鳳凰

昆明司家營清華文科研究
所內景

為它的生日。接著，根據聞一多所講的內容，大家歸結出新詩社的四條綱領，這便是：「一，我們把詩當作生命，不是玩物，當作工作，不是享受；當作獻禮，不是商品。二，我們反對一切頹廢的、晦澀的、自私的詩，追求健康的、爽朗的、集體的詩。三，我們認為生活的道路，就是創作的道路，民主的前途，就是詩的前途。四，我們之間是坦白的、直率的、團結的‧友愛的。」註6

　　一周後，新詩社在聯大南區學生服務處小會堂召開了成立大會。不久，聞一多全家也搬到昆華中學，學生們和他的來往更加密切了。大家常聚在施載宣的小房裏，或朗誦詩，或評論詩，有時爭論得面紅耳赤。一次，同學們坐在稻草打成的圓墊子上，請聞一多坐在床上。可是不一會兒，他又擠到草墊子上來了。同學們不大忍心，他卻說：「你們以為我到你們中間是幹什麼來的？也許以為我是來教你們的，來領著你們走吧？那樣想就錯了，我是到你們中間來取暖的！」大家聽了一起笑了起來。

　　新詩社寫詩論詩誦詩，團結了許多愛好文藝的青年，成立不久，它便走出了聯大校園，成為春城很有影響的團體。聞一多看到這朝氣蓬勃的氣象很振奮，特為新詩社刻了一枚社章，還刻了長言

聞一多刻的「新詩社印」

邊款，說：「本社才成立半周年，參加的份子，已由聯大發展到昆明全市。古人論詩的功能說：可以興，可以觀，可以群，可以怨，我們正做到了這裏最重要的一個群字，這是值得慶幸的。」

文學要與政治打成一片，是聞一多思想提高的一個重要方面。早年，他對文學研究社提倡「文學為人生」不以為然，而生活告訴他文學藝術如果脫離現實，就會成為統治者麻痺人民精神的安眠藥。於是，他大聲疾呼：摧毀象牙塔，打倒孔家店！

1944年5月3日，聯大歷史學會主辦「五四」25周年紀念座談會，邀請聞一多、張奚若、周炳琳、雷海宗、沈有鼎、吳晗等出席。會上，周炳琳首先報告了他本人參加「五四」運動的經歷。聞一多也講述了一件秘聞，即當年「五四」晚上，他抄寫了岳飛的《滿江紅》，悄悄貼在佈告欄上。接著，老同盟會員張奚若把「五四」運動與辛亥革命做了比較。吳晗發言則強調說明今天人們所受思想與文化上的束縛。雷海宗的言論與會場的氣氛不大適應，他認為學生的天職就是讀書，學生過問國家的事常會由於幼稚而重於感情。聞一多聽了老同學的話，不由火氣上升。他說：我是幼稚的，但要不是幼稚的話，當時也不會有「五四」運動了。青年人是幼稚的，重感情的，但是青年人的幼稚病，有時並不是可恥的，尤其是在一個啟蒙的時期，幼稚是感情的先導，感情一衝動，才能發出力量。所以有人怕他們矯枉過正，我卻覺得更要矯枉過正，因為矯枉過正才顯得有力量。

接著，他提出要「裏應外合」打倒孔家店。他說：「我念了幾十年的經書，愈念愈知道孔子的要不得，因為那是封建社會底下

的，封建社會是病態的社會，儒學就是用來維持封建社會的假秩序的。他們要把整個社會弄得死板不動，所以封建社會的東西全是要不得的。我相信，憑我的讀書經驗和心得，它是實在要不得的。中文系的任務就是要知道它的要不得，才不至於開倒車。」註7

　　5月8日，聞一多與聯大中文系主任羅常培共同主持了三千人參加的「五四運動與新文藝運動」晚會。羅常培致開會詞後，聞一多便開始了「新文藝與文學遺產」的演講。他回顧了歷史上儒家、法家、道家、名家等知識份子與政治的關係，批評目前有些潔身自好的知識份子放棄了自己對國家的責任，說：「我號召大家第二次打倒孔家店！『五四』時候做得不徹底。」註8

　　聯大的兩次五四紀念晚會，衝破了寂靜已久的校園，也振動了整個春城。吳晗後來說，這次「五四」紀念活動建立了聯大、昆明、乃至雲南民主運動的基礎。

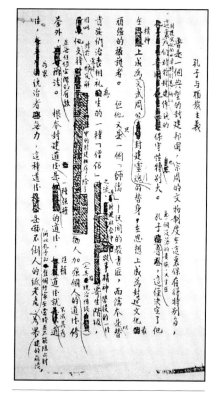

《孔子與獨裁主義》手稿

打破「可怕的冷靜」

　　1944年7月7日，聯大壁報協會與雲南大學、中法大學、英語專科學校學生自治會，在雲大至公堂聯合召開「七七時事座談會」。三千多人向抗戰陣亡的將士默哀三分鐘後，大會開始討論「七年的回顧」。討論「政治問題」時，羅隆基暢談憲政與民主政治，這是個十分敏感的現實問題，講完後會場出現了一時的沉悶。這時，雲南大學校長熊慶來站起來說這次會是寓紀念於學術討論，並說中國的積弱是由於學術不昌明，為此，我輩做師生的人就應當守住他講求學術的崗位，而不應馳心於學術以外的事。

　　本來沒有打算發言的聞一多忍不住了起來，說：「今晚的佈告，寫得非常清楚，這是一個紀念抗戰七周年的時事報告晚會，我對政治經濟問題懂得很少，所以很有興趣向諸位有研究的先生請教。但是，大家也看得清楚，有人並不喜歡這個會議，不贊成談論政治。據說，那不是我們教書人的事情。」聞一多接著說：「我，

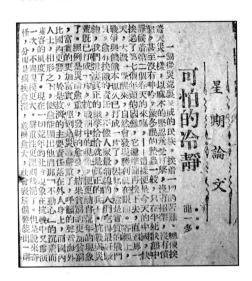

聞一多1944年6月25日在《雲南日報》
上發表的《可怕的冷靜》

修養非常不好，說話也就容易得罪人。今晚講演的先生，我們都是老同事，老朋友，有什麼苦衷，大家不難理解，可是既然意見不同，我還是要提出來討論討論。」聞一多想盡量沉住氣。

「談到學術研究，深奧的數學理論，我們許多人雖然不懂，這又那裏值得炫耀？又那裏值得嚇唬別人？今天在座的先生，誰不是曾經埋頭做過十年二十年的研究的？誰不希望能夠繼續安心地做自己的研究？我若是能好好地讀幾年書，那真是莫大的幸福！」

頓了一下，聞一多反問道：「但是，可能嗎？我這一二十年的生命，都埋葬在古書古字中，究竟有什麼用？究竟是為了什麼人？現在，不用說什麼研究條件了，連起碼的人的生活都沒有保障。請問，怎麼能夠再做那自命清高、脫離實際的研究？」

全場靜靜的，人們屏住呼吸，被聞一多的這把「火」感染著。

「國家糟到這步田地，我們再不出來說話，還要等到什麼時候？我們不管，還有誰管？有人怕青年『鬧事』，我倒以為鬧鬧何妨！『五四』是我們學生鬧起來的，『一二九』也是學生鬧起來的。請問，有什麼害處？」

自從這年「五四」紀念以來，有人就散佈說學生還是應該埋頭讀書，不該鬧。一說到這兒，聞一多就生氣，他說：「有人自己不敢鬧，還反對別人鬧，自己怕說，別人說了，呵，又怕影響了自己的地

「磨劍圖」，1945年8月為西南聯大武術教師吳志青先生的題字

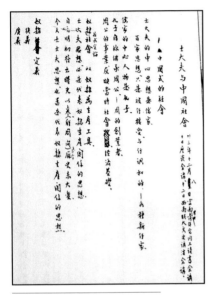

《士大夫與中國社會》提綱手稿

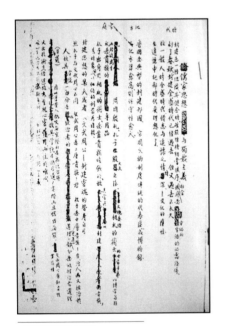

《儒家思想》手稿

位和自己的前程。真是可恥的自私！」

熊慶來急忙申辯：「聞先生，您太誤解我了，太誤解我了！」「沒有！」聞一多厲聲道。「雲南大學當局是這樣的！我們西南聯大當局還不是這樣的！膽小，怕事，還要逢迎……這就是這些知識份子的態度！」註9

聞一多的即席發言，扭轉了會場上的氣氛，使「學生要管事」壓倒了「學生要讀書」的聲音。事後，熊慶來也有些懊悔，當華羅庚去做解釋工作時，他忙說是訓導長讓他去的，並說：「我上了特務的當，我不該去，你見到一多，幫我解釋一下」。聞一多聽了，也釋然地說「當時不得不這樣啊。自然，我講話太嫌鋒利了一些。」註10

其實，聞一多的「火」氣並不是針對某個人。他在6月25日發表的〈可怕的冷靜〉一文中說：「時機太危急了，這不是冷靜的時候，希望老年人中年人的步調能與青年齊一，早點促成勝利的來臨！」他呼籲「打破可怕

的冷靜」，指出：「民族必需生存，抗戰必需勝利，在這最高原則之下，任何平時的規範都是暫時可以擱置的枝節。火燒上了眉毛，就得搶救。這是一個非常時期！」[註11]此時，他還發表《畫展》一文，責備藝人「躲避現實」，批評的物件已擴大到社會上的一些文化人。

這種認識也反映到學術研究中。在〈什麼是儒家──中國士大夫研究之一〉一文中，聞一多特別指出：儒家哲學的核心是中庸之道，儒家實際上是做了維護統治階級的幫兇。在聯大講「莊子」時，則強調《莊子》流露著戰國時代知識份子「士」的悲哀。他還把儒家與道家做了比較，認為「儒家首先要為人君，其次是全身，而道家是首先要全己身，對人君則很談薄」，「道家可能是儒家的積極精神在現實上碰壁之後消極退嬰的結果」。但是，儒家、道家在今天都要不得，因為「今天的國事不是帝王一家的事，而是全體人民自己的事」。[註12]

強調知識份子的責任，是聞一多初期參加民主運動的一個顯著特點。這時，他對人民力量的認識還比較抽象，對知識份子的智慧和力量則估計得較高。因為，在他看來，受過良好教育的高級知識份子尤其不能昏昏然，否則就是放手讓統治者為所欲為。

1944年暑假期間，昆明盛傳西南聯大當局將奉命解聘聞一多、潘光旦等教授職務。這股風的掀起，自然不是沒有原因，隨著聞一多的覺醒，他的喊聲越來越大，行為越來越激烈，使得國民黨當局越來越尷尬。

6月20日，美國副總統華萊士為了實現上年11月開羅會議上羅斯福向蔣介石提出組織聯合政府的建議飛抵重慶。24日，華萊士一行來到昆明，昆明各界決心借此機會向美國政府傳遞中國人民的民主願望與要求，有幾個同學得知華萊士將訪問聯大後，連夜趕製大幅英文壁報，聞一多幫助他們解決了一些翻譯方面的困難，還請何炳棣、李樹

-25th June, 1944.

Dear Mr. Wallace,

We, the students of the National Southwest Associated University, are heartily glad to learn that for promoting Sino-American friendship and for strengthening the alliance of the democratic nations, you are paying this visit to our country. Your arrival has brought us new hope and fresh enthusiasm.

You are probably already familiar with the story of this university - a university in exile. It consists of three of the nation's most distinguished schools, two of which, Tsing Hua and Peking, were located in Peking, and the third, Nan Kai, in Tientsin. After much hardship, they were able to make a long trek into the interior of tormented China after the Japanese took Peiping in order to carry on their tradition of struggle for the cause of democracy, to avoid oppression and enslavement, and to continue the fight against the invaders.

Since then, we have been continually carrying on our studies under increasingly difficult conditions. We live in low thatched rooms built of mud bricks, sometimes with the rain pouring in. We lack books and laboratory equipment. Sometimes twenty of us have to share one reference book. Everybody, not excepting the professors, though shabbily dressed and not seldom underfed, endeavours to carry on to the best of his ability the study of philosophy and science, of literature and engineering, and the many other branches of human knowledge. In facing the common misery of the entire world plunged in war, we have no complaints to make. On the contrary, we are more often than not rather cheerful. However, in our efforts to seek truth, we have never put out of our minds the necessity to fight for democracy. Many of us have gone to the

1944年6月西南聯大學生致美國副總統華萊士的英文信

青等青年教師一起校訂譯稿。這幅壁報上端的大標題為「我們決心與世界任何地方的法西斯戰鬥！」下端寫著「我們要民主！」眼明手快的記者立刻向外界報導了這一消息。7月11日美國駐昆明總領事館第49號快報中亦稱「國立西南聯合大學學生，借歡迎華萊士副總統到昆明的機會，張貼廣告，向副總統致敬，批評國民黨法西斯，鼓勵外國對中國的批評，並強調中國需要西方民主。」註13

華萊士在昆明參加了幾次座談會，聞一多也出席過一次。據美國駐華大使高思給美國國務院的快報中稱，聞一多就是因此而被解聘的。該快報說：「據中國方面稍息，昆明約有十名教授，在華萊士副總統6月25日訪昆明時，同副總統談話中表示了對重慶政策的不滿，而被教育部開除。據說其中有五人是清華大學的，包括張奚若、聞一多、潘光旦和羅隆基。還有清華大學校長梅貽琦博士，已奉命前來重慶述職，對他在此次非法談話中有所牽連作出解釋。」註14

我們不瞭解梅貽琦是向當局如何解釋的，但聞一多並未就此怯步，甚至在國民黨第五軍軍部中繼續高倡革命，這當然也為國民黨當局所不容。

那是8月18日，第五軍軍長邱清泉邀請聯大11位教授開座談會。會上，教授們的發言總離不開士兵的待遇問題。馮友蘭、曾昭掄、楊西孟、陳雪屏等質問：國家給軍隊的給養都到哪兒去了？為什麼前線士兵饑餓狀況不得改善？

「兄弟什麼都不懂，只有用文學精神提起大家的情緒。」聞一多起身説話了，「今天各位提出各種問題，如果在英美有一於此，一定會舉國譁然，而我們百美懼全，仍然只是一些有心人坐著談談。現在好比房於失火，大家要來搶救。以前我們看一切都可悲觀，還希望也許在戰略上有點辦法。今天在這裏聽見各位長官的話，才知道戰略上也很有問題。我只差要在街上號啕大哭。」聞一多的話像把刀子，但他沒有觀察人們的臉色，接著説：「我們可憐到如此地步，仍然在座談。在英美，不是沒有壞人，只是他們不敢做壞事，一作壞事，大家群起而攻之。」聞一多停頓了一下又説：「因此，也沒有什麼討論的，只有幹，非常時期要用非常的手段幹！」[註15]滿場被這犀利的言辭驚得啞然失色，聞一多如再講下去，座談會就不知道該怎麼收場了。

聞一多的上述舉動，招來了一些閑言諷語，有人説他「窮瘋了」。其實，他個人的生活這時已有所改善，然而，正如他自己所説：「個人的生活困難，是可以用別的方法解決的，譬如我，學校裏薪水不夠養家時，我可以在中學校兼課，也可以替人家刻圖章賺錢，個人的生活問題便解決了。可是你要想到大多數，當大多人民在被壓迫，無法生活的時候，就必須也只能用鬥爭來爭取了。」[註16]

伴隨著流言而來的，是一股解聘風。朋友們都為聞一多捏著一把汗。歷史系學生許壽諤特地趕到昆華中學宿舍慰問。並誠懇地

說：「我以你的學生資格，要求你愛護自己一點，因為今天講真理的人太少，我們經不起敬愛的長者的損失。」聽了這話，聞一多的眼淚潸潸掉了下來，他動情地說：「這是做人的態度，……我覺得許多青年人太冷了，……人總有心有血，……我不懂政治，可是到今天我們還要考慮到自己安全嗎？很感激，……可是我還要做人，還有良心，……」[註17]此時，聞一多早已將個人的得失置之度外了。

在重慶的聞亦傳也來信表示關切。聞一多則對這位堂弟說：「今日之事，百孔千瘡，似若頭緒紛繁，而夷考其實，則一言可以盡之，無真正民主政治是也。惟縱觀各國之享有民主者，莫不由其人民努力爭來，今日我輩之無思想言論自由，正以我輩能思想能言論者，甘心放棄其權利耳。且真正民主之基礎，即在似若無足輕重之每一公民。由每一公民點點滴滴獲得之自由，方為真正自由。故享自由若為我輩之權利，則爭自由即為我輩之義務。明乎權利義務之不可須臾離，則居今之世，我輩其知所以自處矣。」[註18]

在解聘之說盛傳的10月15日，延安《解放日報》特發表《慰問聞一多先生》一文。文中說：「聞先生近年來憂時之念很深，

1944年10月15日，《解放日報》刊登的《慰問聞一多先生》

一股正義的熱情，更使人感動。當今的學者以國家民族前途為慮的人雖很多，但能夠像聞先生這樣正直敢言的卻還少見。聞先生主張民主，主張青年打破沉寂，這都是針對現實的正論，雖是一部分頑固者流所不樂聞，但是居然因此不容於時，卻也出人意外。可見月黑天低，現在正是夜氣濃重的時候，我們不僅為先生的被黜而惋惜，尤其是為社會的正義抱屈。雞鳴不已，而風雨如晦，青年們真應該起來打破『可怕的冷靜』。」這裏，不僅表達了中國共產黨人對這位民主戰士的深切關懷，也為知識階層指出了現實的鬥爭任務。

加入中國民主同盟

如果説崇高的愛國主義思想是促使聞一多思想轉變的內因，那麼一旦覺醒的聞一多就積極地向進步力量靠攏。在這方面，西南文獻研究會的影響是至關重要的。

1943年底，中共中央南方局應雲南省政府主席龍雲之約，派華崗秘密來昆。華崗是位具有學者氣質的中共高級幹部，曾任《新華日報》總編輯、中共中央南方局宣傳部長。華崗到昆明後，特別注意做知識份子的統戰工作，為此建議成立一個專門組織大學教授學習討論的西南文獻研究會，並考慮請聞一多參加。華崗帶來一封周恩來的親筆信，大意是：「像聞一多這樣的

引導聞一多走了新民主主義革命道路的華崗同志

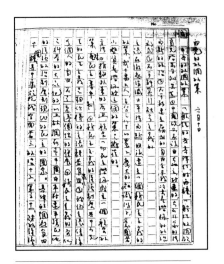

西南文獻研究會討論「兩黨的政綱政策」
記錄

聞一多刻的「西南文獻研究室章」

知識份子，對國民黨反動派的腐敗是反抗的，他們也在探索，在找出路，而且他們在學術界、在青年學生中，還是有廣泛的社會聯繫和影響的，所以應該爭取他們，團結他們。」註19

1944年夏秋之交，雲南大學教授楚圖南、尚鉞受華崗委託來到昆華中學訪問聞一多，當他們提到華崗想來拜望時，聞一多立刻表現出急不可待的心情。不幾天，華崗在尚鉞陪同下來到聞一多家中。知識份子的氣質，和對共產黨的信任，縮短了彼此間的距離，兩人都似相見恨晚。當華崗提出邀請聞一多參加正在籌備的西南文獻研究會時，聞一多欣然表示一定參加，並當即介紹吳晗、潘光旦、曾昭掄等聯大教授參加。後來，陸續參加這個研究會的還有周新民、羅隆基、李文宜、馮素陶、潘大逵、辛志超、聞家駟、費孝通等。

西南文獻研究會是個秘密團體，最初，它側重討論學術問題，其後，漸漸地轉移到政治學習方面，有時討論中國共產

張光年（右一）、李公樸（中）、趙渢（左）在昆明

黨的方針政策，有時分析形勢，這使他們初步懂得中國社會兩頭小中間大，以及中共的統一戰線政策、個人與集體的關係等等道理。以後，又得到《論聯合政府》、《新民主主義論》、《論解放區戰場》等黨的文獻和《新華日報》、《群眾》等刊物，大家如饑似渴地搶著閱讀，對政治的認識日漸提高了。

在西南文獻研究會的座談中，解放區的情況很自然地引起聞一多極大興趣，也引起他想到延安看看的念頭。一個秋天的夜晚，湖北老鄉、《五月的鮮花》和《黃河大合唱》詞作者張光年（即光未然）來到聞一多的小屋，聞一多提出想聽他講講延安的窯洞，過了會又他認真地說：「我想去延安看看，你能幫助我嗎？」「現在不行，路不通了」，張光年說。「我要去！想學學怎麼做好組織工作。青年們信任我們，可是情況很複雜；咱們辦法少，得去延安取點經。」聞一多嚴肅地說。張光年笑著回答：「從昆明去，好像

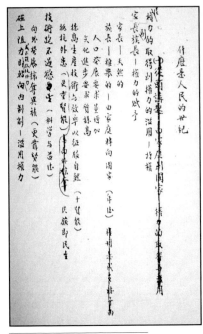

《什麼是人民的世紀》手稿

伙！不等你走到，半路上就給抓去了。或者沒抓去，等你回來，帽子更紅了，聞一多就不成其為民盟領導人的聞一多，也就不能起聞一多的作用了。還是留以有待吧。」聽到這兒，聞一多不說話了。他知道去延安不是件容易的事，不過，還不肯甘休，便壓低聲音：「我的意思是化名去，咱們不告訴任何人，悄悄去，悄悄地回來。」張光年忍不住笑出聲：「正因為你是聞一多，保不了密，去不了延安。」註20

聞一多實在嚮往解放區了。幾個月後，他得到一本英文版《西行漫記》，立刻挑燈夜談。從這本書中，他第一次瞭解中國共產黨是怎樣發展起來的，第一次瞭解了毛澤東、朱德、周恩來等中共領袖是什麼樣的人。他興奮地指著書上的照片讓妻子兒女們看，神秘地說：「這就是毛澤東啊！」聯大復員前夕，他對妻子說回到北平後，第一件事就是把孩子送到張家口去讀書。高孝貞牢記著丈夫的這句話，聞一多犧牲後，她於1948年3月毅然率領全家奔向晉冀魯豫解放區。

聞一多雖然參加了西南文獻研究會，但對加入政治性團體卻尚在猶豫，儘管吳晗幾次動員他加入中國民主政團同盟，然而由於清高及對政治活動存在偏見，他只答應考慮考慮。

然而，嚴峻的時局迫使人們必須表明態度。聞一多有個參加教導團的堂弟叫聞思，在開赴印緬戰場途經昆明時來看望堂哥。聞思講了國民黨部隊中的種種黑暗，如軍官剋扣軍餉，吃空名，做買賣，以及軍官不把士兵當人看，動輒拳打腳踢，搧耳光，抽皮鞭等。「為什麼不反抗？」聞一多憤然道。「抓回來是要槍斃的！」聞思哭訴著說。聞一多陷入了沉思。聯想到幾年來在大後方聽到看到的一樁樁怪事，他幾天閉門不出，輾轉難眠。

聞一多要奮起戰鬥了，然而個人的力量是微不足道的，唯有加入一個組織才有力量。愛走極端的他曾想乾脆加入共產黨，但朋友們勸到：為了民主鬥爭，眼下可以先加入民盟，而民盟則是中共的朋友。

經過慎重考慮，秋天某日，聞一多對吳晗推心置腹地說：「國家危急，好比一幢房子失了火，只要是來救火，不管什麼人都是一樣，都可以共事。」[註21] 幾天後，聞一多秘密地加入了民盟。他宣誓：「本人願以至誠接受本同盟綱領規程及一切決議案，並履行所規定或決議之義務，為民主前途奮鬥。謹誓。」按照規定，介紹人羅隆基、吳晗當著聞一多的面，把加盟志願書燒掉。這一天，他的心情很不平靜，說自己「將來一定要請求加入共產黨」。儘管這時他對共產黨的認識還是初步的、直覺的，但共產黨代表了中華民族的最高利益，確已贏得了這位飽經風霜的學者的信賴。

>>> **注釋** --

註1：《從宗教論中西風格》，《聞一多全集》第3冊，第479頁，三聯書店1982年8月再版。

註2： 聞一多：《時代的鼓手——讀田間的詩》，昆明《生活導報紀念周年文集》，1943年11月13日。

註3： 《聯大雜寫》，《新華日報》1943年11月16日。文中記述的是聯大「文藝」壁報第3期中《聽鼓的詩人和擂鼓的詩人》之段落。

註4： 朱自清：《聞一多全集·序》。

註5： 趙寶煦、聞山：《聞一多導師與新詩社、陽光美術社》，《聞一多紀念文集》第331至332頁。

註6： 《新詩社》，《聯大八年》第153頁，西南聯大學生出版社1946年7月出版。

註7： 《五四歷史座談》，《大路週報》第5期，轉引自《聞一多全集》第2冊，第367至368頁。

註8： 尚土：《痛憶聞師》，《人物雜誌》第2年第9期，1947年9月15日。

註9： 王康：《聞一多傳》第304至305頁。作者案：王康是這次大會的主席，聞一多的即席講話即王康記錄。

註10： 華羅庚：《知識份子的光輝榜樣》，《聞一多紀念文集》第141頁。

註11： 《聞一多全集》第2冊第375至376頁。

註12： 寄一：《憶一多教授》，《文萃》第40期，1946年7月25日。

註13： 《一二一運動史料彙編》第5輯，第7頁，中共雲南師大黨委黨史資料徵集組編印，1985年8月出版。

註14： 美國駐華大使高思致美國務院的第1366號快報（1944年8月9日），《一二一運動史料彙編》第5輯，第11頁。

註15： 《目前局勢與中國的反攻問題——第×軍高級軍官、聯大十一教授座談記錄》，《雲南南日報》1944年8月20日。

註16： 鍾：《我所知道的聞一多》，《文匯報》1946年7月31日。

註17： 王一：《哭聞一多先生》，《新華日報》1946年7月25日。

註18： 《聞一多書信選集》第321頁。

註19： 楚圖南：《記和華崗同志在一起日子工作的日子》，《文史哲》1980年第4期。

註20： 張光年：《為革命真理而獻身》，《人民文學》1985年第12期。

註21： 王康：《聞一多傳》第300頁。

註22： 《循著聞一多的道路前進——記清華聞一多先生殉難三周年紀念晚會》中記錄之吳晗的發言，《光明日報》1949年7月18日。

第八章　鬥士風采（上）

繼承護國精神，反對獨裁統治

　　聞一多加入中國民主同盟時，正是國民黨正面戰場遭遇豫湘桂大潰敗，西南大後方嚴重危機的時刻。因此，民盟的一系列活動，都緊緊圍繞如何克服軍事危急，如何堅持抗戰這一主題。

　　10月10日，由民盟雲南省支部與文化界、教育界聯合舉辦的雙十節紀念大會，在昆華女中操場上隆重舉行。作為主席團成員的聞一多第一次走出校門，來到人民群眾面前。他面對五千多與會者，做了激昂慷慨的演講。他首先指出：「我們抗戰了七年多，到今天所得的是什麼？眼看見盟軍都在反攻，我們還在潰退，人家在收復失地，我們還在繼續失地。」緊接著，他反問：「不是有幾十萬吃得頂飽，鬥志頂旺的大軍，被另外幾十萬喂得也頂好，裝備得頂精的大軍監視著嗎？這監視和被監視的力量，為什麼讓他們凍結在那裏，不拿來保衛國土‧抵抗敵人？」他又說：「幾個月的工夫，鄭州失了，洛陽失了，長沙失了，衡陽失了，現在桂林又危在旦夕，柳州也將不保，整個抗戰最後的根據地──大西南受著威脅。如今誰又能保證敵人早晚不進攻貴陽、昆明，甚至重慶？到那時，我們的軍隊怎樣？還是監視的監視，被監視的被監視嗎？到那時我們的

人民又將怎樣？準備乖乖的當順民嗎？還是撒開腿逃？逃又逃到那裏去？逃出去了又怎麼辦？」一連串的反問，把一腔怒火傳遞給廣大聽眾。

在熱烈的掌聲中，聞一多又強調了昆明的重要戰略地位，並特別強調人民群眾應當認識到自己的力量。他説：「今天站在人民的立場，我們一方面固然應當向政府及全國呼籲，另一方面，我們也得承認我們人民自身的責任與力量。……保衛國土最後的力量恐怕還在我們人民自己的身上。一切都有靠不住的時候，最可靠的還是我們人民自己。……有了這個基礎，我們便更有資格，更有力量來爭取普遍的、完整的和永久的民主政治。」[註1]

會上，楚圖南、吳晗、李公樸、羅隆基也分別作了「言論自由與身體自由」、「中蘇邦交與國共問題」、「改善士兵生活與當前政治問題」、「改革政治的方案」的演講。這些問題不僅關係到如何保衛大西南，更關係到如何爭取抗戰勝利和怎樣民主建國。正因如此，大會遭到國民黨特務的搗亂和破壞，他們在會場燃放爆竹，企圖擾亂人心。「不要亂，不要驚慌！」抗戰前在上海指揮過示威

遊行的李公樸把爆竹
公之於眾。聞一多則
面容嚴肅，長髯飄
拂，像威武不屈的雕
像。大會結束前，聞
一多宣讀了羅隆基起
草，自己修辭潤色的
《昆明各界雙十節紀
念大會宣言》。《宣
言》完全贊成9月間
林伯渠代表中共在國

羅隆基起草，聞一多潤色謄錄並抄寫的《昆明各界雙十節紀念大會宣言》手稿

民參政會上提出建立聯合政府的建議，指出：「今日徹底改革的要圖，首先應由專權在位的國民黨立即宣佈結束黨治，還政於民」；「政府應立即召集國是會議，組成全民政府」，「新政府的人選應包括全國各黨派之代表，及全國無黨派才高望重之人」；新政府應立即實行保障人民自由、釋放政治犯、改善經濟政策、調整軍事編制，尤其應「普遍平均分配全國軍隊的裝備與供應」。《宣言》還譴責了投降主義路線，指出「凡有與奸偽相勾結與敵寇謀妥協，為賣國投降的勾當者，我們誓與國人共棄之」。[註2]

這是昆明人民空前盛大的一次大會，人們在火光中看到了聞一多的崛起。一位朋友讚揚他「老當益壯」，「對國事頗多進步主張」，「為弟十年來所僅見」。[註3]

1944年12月25日，是雲南人民護國起義29周年紀念日。此前，中國民主同盟為響應中國共產黨的號召，發表了《對抗戰最後階段的政治主張》，提出：「立即結束一黨專政，建立各黨派之聯合政府，實行民主政治」的主張。為了進一步表達這一政治要求，民盟雲南省支部決定利用合法形式召開紀念大會。

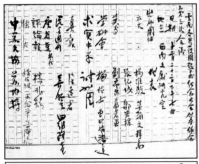

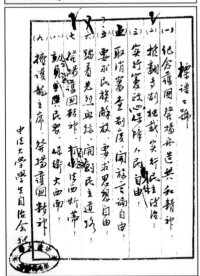

圖上：1944年12月22日，雲南各界護國起義
　　　紀念大會第三次籌備會記錄簽名簿
圖中：雲南各界紀念護國起義籌備會開會記錄
圖下：中法大學學生自治會草擬的紀念護國
　　　起義遊行標語口號

護國起義紀念大會是以昆明學術界憲政研究會名義組織召開的。籌備過程中，民盟幾位負責人商定了開會地點、發起團體、會議程式等，並將聯大新詩社作為發起團體之一，由聞一多負責聯繫。其他發起團體還有雲南大學、西南聯大、中法大學學生自治會，和昆明男女青年會、昆明學術界憲政研究會、民主週刊社、自由論壇社、評論報社、真報社、文協昆明分會、中蘇友協昆明分會等。這些力量基本上由民主派掌握，具體由潘大達、吳晗、曾昭掄、羅隆基、潘光旦、周新民、楚圖南等人負責聯絡。註4

12月25日，昆明全城喜氣洋洋，下午1時，紀念大會在雲南大學會澤院右側廣場舉行，出席大會的有護國元老、各界代表、知名人士和大中學師生、工人、職員、中下級軍官等兩千余人，龍雲的夫人顧映秋也出席了大會。

大會由潘光旦擔任主席，他在致詞中強調今天日軍發動豫湘

桂的局勢，與當年袁世凱稱帝有著同樣的嚴重性質。護國元老黃斐章、白小松、由雲龍與唐繼堯的兒子唐筱冥的發言雖然講的是歷史，卻都流露出極度不安。大會安排了兩位教育界代表發言，精神矍鑠的聞一多是最後走上講臺的。像往常一樣，他的演講沒有開場白，

1944年12月25日，聞一多在昆明各界紀念護國起義29周年大會上演講

開門見山進入主題。他說：「我們是應該慚愧的，應該對護國的先烈們慚愧，應該對在座的護國英雄們慚愧！三十年了，居然國家還像三十年前一樣，難道袁世凱沒有死嗎？」台下群眾洪亮的聲音回答：「是的，沒有死！」

聞一多回過頭，對臺上的護國起義參加者們說：「你們比我們清醒，你們知道應該怎樣對付袁世凱！」他提高嗓門，激動地說：「護國起義的經驗告訴我們：要民主必須打倒獨裁，因為全國人民都要求民主，就可以得到全國的回應；因為有廣大人民的支持，就能夠打倒袁世凱！……三十年後，我們所要的依然是民主，要打倒獨裁！……現在畢竟和三十年前不同了，我們相信人民的力量是更強大了。讓我們就從昆明開始，……繼承護國精神，擴大民主運動，爭取更大的勝利！」[註5]

大會結束前，通過了由吳晗起草、聞一多謄錄的《雲南各界護國起義紀念大會宣言》，它鄭重提出結束一黨訓政、召集人民代表

護國起義紀念大會後的群眾遊行

吳晗起草、聞一多謄錄的《雲南各界護國起義紀念大會宣言》手稿

會議、組織聯合政府三項要求。會後，還舉行了規模盛大的遊行。聞一多和教授們行進在隊伍之中。人們高呼著：「發揚護國精神，消滅法西斯蒂！」「打倒專制獨裁，實行民主政治！」「動員民眾，武裝民眾，保衛大西南！」

隊伍將散前，聞一多被人擁到一個高處。他帶著少有的激動，用詩一般的語言向四周的群眾說：

我們勝利地紀念了護國紀念三十周年。

你們看，我們的隊伍這麼長！

這是人民的力量。

因為是人民的力量，所以他是偉大的，誰也不敢抵擋！

這是時代的洪流，它要衝垮一切攔在路上的障礙。

1944年就要過去了，我們要更好地迎接1945年！

讓那些嫉妒我們，害怕我們的人發抖吧！[註6]

質問蔣介石，聲援郭沫若

1944年11月，以美國總統羅斯福私人代表身份來華的赫爾利飛赴延安參與調停國共矛盾。在延安，赫爾利與毛澤東達成包括成立各黨各派無黨無派的聯合政府等內容的「五點協定」。但是，蔣介石看後立即提出「三點反建議」，結果遭到中共的拒絕。1945年1月24日，周恩來帶著促進召開黨派代表會議、公開討論聯合政府問題來到重慶，但蔣介石卻宣稱「要聯合政府就是要推翻政府，召開黨派會議就是分贓會議」。

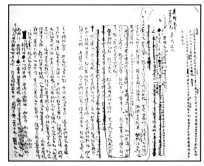

吳晗起草、聞一多潤色的《昆明文化界對時局的緊急呼籲》手稿

蔣介石的態度遭到民主人士的反對，2月8日，郭沫若代表重慶學術文化界同人起草了一個共同意見書，此即2月22日發表的有312人簽名的《文化界對時局進言》。《進言》發表前，郭沫若曾寫信將內容告訴吳晗，吳晗立即與聞一多商量，覺得昆明文化界應當「以為前趨者之

應」，「為首倡者之和」，遂共同起草了《昆明文化界對時局的緊急呼籲》。

這個《緊急呼籲》鄭重提出四項主張，其中「召集人民代表會議，集全國各黨各派及無黨無派的優秀代表人才於一堂，群策群力，共赴國難」和「組織聯合政府，由人民代表會議選舉各黨派代表人物及全國眾望所歸的領導人才，負國家民族安危的重任」兩條，與周恩來2月2日提出的《關於召開黨派會議的協定草案》的主要意見完全一致。正當聞一多用鋼板刻印《緊急呼籲》時，3月1日蔣介石在重慶憲政實施促進會上發表公開講話，反對召開人民代表會議，聲稱「吾人只能還政於全國民眾代表的國民大會，不能還政於各黨各派的黨派會議」。他還宣佈將建議中央於11月12日召集國民大會，實行憲政，結束訓政。

有鑒於此，聞一多等對《緊急呼籲》進行了重新修訂，並以《昆明文化界關於挽救當前危局的主張》為題，增加了批駁蔣介石抹殺民意、拒絕民主的內容，指出：「這實際只是蒙蔽國際視聽，拖延國內民主的技術。誰都知道，憲法是十年前一黨包辦的草案，國民代表是十年前一黨包辦的選舉。試問以這樣的代表，通過這樣的憲法，再來選舉大總統，產生新政府，這樣的民主有真實的

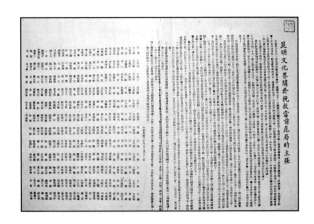

《昆明文化界關於挽救當前危局的主張》傳單

《昆明文化界關於挽救當前危局的主張》的簽名名單

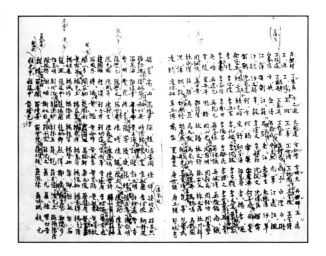

意義嗎？試問這樣迂迴遷延的方式，能夠挽救當前千鈞一髮的危局嗎？」

　　針對蔣介石無理指斥黨派會議是「分贓」的論點，文中還指出：「國人呼籲的各黨派會議及聯合政府，只是目前團結合作的方案，謂如是而後共商政策政綱，如是而後共負抗建責任，如是而後實施憲政、實行民主。目前的團結合作，並無移交政權於各黨派，還政於民之說。而蔣主席必斤斤以此辯白於天下，這倘不是搪塞粉飾之詞，那就是固執一黨獨裁的成見了。」

　　這是義正詞嚴的民主呼聲，得到昆明文化界人士的廣泛支持，3月12日公開發表時，簽名者已由最初的59人增加到342人。

　　面對洶湧的民主浪潮，蔣介石氣急敗壞，大罵主持宣傳工作的張道藩無能。3月30日，國民政府軍事委員會政治部藉口機構重複，強令解散郭沫若領導的軍委會政治部文化工作委員會和顧頡剛負責的幾個單位。消息傳到昆明，聞一多認為這不只是對郭沫若等人的迫害，更是對民主的反動，遂與吳晗、蕭滌非、陸欽墀、聞家駟、洪謙、俞銘傳、吳徵鎰、李廣田、沈從文、尚鉞、林石父（華崗）、

張光年、李公樸、楚圖南、常任俠、羅隆基、金若年、呂劍、周新民、費孝通、鄭伯華等聯名發動聲援和慰問活動。慰問信指出:

> 抗戰八年以來,和你們一樣,我們也是在文化教育機關擔任工作的,八年如一日,我們的信心和忍耐並沒有動搖,然而還是挽回不了國家的頹勢。在抗戰過程中,國內的破綻愈來愈大,使勝利和民主政治的前途,也愈來愈遠。但我們仍然在隱忍和寬恕的心情中期待又期待。直到今天,我們的隱忍和寬恕幾乎變成了一種罪惡,期待變成了無底的失望。眼前政治的腐敗,經濟的破產,軍事的挫折,以及社會上貪污無恥的公然橫行,與夫你們這次所受到的可恥的打擊,都是這一事實無可掩飾的說明。
>
> 所幸現在我們完全明白了,明白了我們險惡的環境,艱苦的前途,也明白了我們責任的重大!新的挫折只是提高了我們新的警惕,增加了我們新的勇氣。
>
> 「霧重慶」的時代已經過去,光明與黑暗的陣營漸漸分明了,請兩位堅守著我們文化界莊嚴工作的堡壘,緊握著我們

聞一多、吳晗等致郭沫若、
顧頡剛的慰問信(第一稿)

文化界莊嚴的大纛，來爭取我們國家民族的生命線——民主政權。請相信，我們是你們的聲援，如同你們相信廣大的民眾是你們的後盾一樣，你們不是孤立的。

最後，為了你們這次所受到的光榮的迫害，請你們和協助你們工作的諸位朋友，接受我們這點同情與敬意。

我們永遠是你們的忠實同伴！註7

身處逆流的郭沫若接到該信後深受感動，他回信說：「承昆明文化界諸友殷殷慰問，同人等異常感奮。……同人頗遠識之士，正多犧牲生命以爭取德先生之勝利，僅僅打破飯碗，殊不足道，受諸君子之鼓勵，自當勉力，原不致成為時代落伍者。」註8

播發民主火種

1945年的「五四」紀念，是昆明民主運動的一次大檢閱。整整一個星期，全城人民都沉浸在戰鬥的鼓舞氣氛中。5月4日，紀念活動進入了高潮。下午1時，大中學生、職業青年、新聞記者，以及盟國人士六千多人雲集雲南大學操場，四大學聯合召開的五四紀念大會在這兒隆重開幕。

會上，吳晗、潘大逵做演講，天公不作美，突然下起雨，有人躲到樹下去，秩序有些混亂。聞一多登臺大呼：「是青年的都過過來，繼承五四血統的青年都過來！」「這雨算得什麼，雨，為我們洗兵！」許多人記得，當時聞一多給大家講了一個周武王伐紂的故事，他們出兵那天，天也下起雨，彷彿是為將士們做出征前的洗塵，結果武王滅了殷商。這個故事以史喻今，博得人們的掌聲。最後，聞一多呼籲：「這是行動的時候了，讓民主回到民間去！」註9

為吳晗的書寫的條幅

會後，激動的人們舉行了大遊行。在全國政治局勢窒息的環境下，這次遊行不能說不是一個奇跡、一個成功。上萬人的隊伍從青雲街、武成路、福照街、光華街，經過正義路、金碧路、護國路、華山南路，浩浩蕩蕩行進著，人們把這支隊伍稱作「民主坦克」、「民主轟炸機」、「民主航空母艦」。「立即停止一黨專政！」「組織聯合政府！」「取消特務組織！」「取消審查制度！」「愛國青年走進來吧！」「民眾走進來吧！」陣陣口號此伏彼起，市民、公務員、工人……不斷加入行列，隊伍越來越長。有人情不自禁唱起《國際歌》，盟友們也歡呼這「Liberty！Liberty！」有些黑人盟友還與隊伍中的人一一握手。

四個小時後，隊伍回到雲大操場。受到鼓舞的青年們一致通過組織「昆明學聯」的決議，並號召由昆明學聯擴大組織全國學聯。[註10]這時，聞一多再次出現在高臺上，他放開喉嚨，說：

1945年昆明學聯五四紀念會後的大遊行

「五四」過去二十六年了，我們大半個國家還在受苦受難。

我們今天第一要民主，第二要民主，第三還是要民主！沒有民主不能救中國，沒有民主不能救人民！

但是，現在和「五四」時代不一樣了。現在，我們國家的情況，也和當時大不相同了，我們要求民主，也不是過去那樣的民主了。……

「五四」還要科學，不過，沒有民主，也就不可能發展科學。所以，我再三說要民主，這決不是說不要科學。我們的國家太落後，封建迷信太嚴重，這兩年鬧的什麼「獻九鼎」那一套把戲，不就是宣傳封建迷信嗎？這也是同孔家店的思想有關的，所以「五四」要打倒孔家店。如果我們有了民主，又有了科學，國家就可以興旺發達，可以消除反動復古的把戲了。

今天，大會的勝利，證明我們的要求是正確的，是受到人民擁護的，我們也一定會得到更大的勝利！不過也要記住，反對人民的人並沒有睡覺，我們不能麻痹，不能自滿。我們要更好地團結起來，保衛我們的勝利，爭取更大的勝利。註11

1945年昆明學生民主的大遊行

晚上，西南聯大舉行了盛況空前的三千人大聚餐。聞一多、雷海宗、曾昭掄、潘光旦、吳晗等教授和同學們一樣坐在地上，和圍成小圈的青年歡快地交談著，品嚐著並非豐富但凝結了師生情誼的食物。

最後一個節目是「悠悠體育會」組織的火炬競走。36把火炬在夜空中閃著，圖書館前司令台終點處，男女隊第一名興奮地擎起優勝的錦旗，上面繡著「民主火種」四字是聞一多題寫的。第二名的錦旗上繡的「巍巍青年」四字是體育教授馬約翰手書的。

幾天前，「悠悠體育會」派人來找聞一多，說準備舉辦火炬競走，請他題字並寫點東西。聞一多想了想，認為「民主火種」最能體現這次五四紀念的精神，並在「悠悠」兩字啟發下寫了《五四斷想》一文。文中，聞一多用「擠」來形容演化，形容革命，他用形象的話言寫到：

> 舊的悠悠死去，新的悠悠生出，不慌不忙，一個跟一個，
> ——這是演化。
> 新的已經來到，舊的還不肯去，新的急了，把舊的擠掉，
> ——這是革命。
> 擠是發展受到阻礙時必然的現象，而新的必然是發展的，能發展的必然是新的，所以青年永遠是革命的，革命永遠是青年的。
> 新的日日壯健著（量的增長），舊的日日衰老著（量的減耗），壯健的擠著衰老的，沒有擠不掉的。所以革命永遠是成功的。
> ……
> 於是又想到變與亂的問題。變是悠悠的演化，亂是擠來擠去的革命。若要不亂擠，就只得悠悠的變。若是該變而不變，那只有擠得你變了。[註12]

與西南聯大「悠悠旅行團」在石林合影，前排左四持拐杖者為聞一多

從這些話中，我們看出一個學者對現實的思考與認識。

民主家庭

　　1945年1月，西南聯大在西倉坡蓋了一所教員宿舍，大家抽籤分配住房，聞一多抽中了。

　　西倉坡宿舍在府南道盡頭，出門往東百餘米就是風景宜人的翠湖。這兒離聯大很近，和聯大附中僅隔一牆，所以孩子們都願意搬去。可是，妻子高孝貞不大樂意。她捨不得昆華中學宿舍門前的那片空地，在物價飛漲的日子裏，一家人的蔬菜就是從那裏自種自收，宜人的氣候和多雨的季節，使園子裏的菜常常吃不完還可以送人，況且西倉坡每月房租七千元，而昆中則分文不取呢。

　　怎麼辦？全家開了個民主會，最後用表決方式決定搬家。孩子叫來一輛大車，七手八腳東西就搬完了，一家人浩浩蕩蕩直奔西倉坡。進大門時恰碰到吳晗，他也遷到這裏。吳晗驚喜地問，「決定了嗎？怎麼這麼快就搬來了？」聞一多笑著說：「我們用民主方式表決的呵。願意搬家的人多，當然很快就來了。」吳晗也笑道：

西倉坡西南聯大宿舍的聞一多住宅

聞一多後人在西倉坡宿舍前合影。左起為王丹鷹、聞黎明、王克私、聞名、王丹梅、高曉紅、華順（華羅庚長女）

「這不叫民主，是孩主，他們都未成年，算不得公民咧。」聞一多隨即又得意又惋惜地說：「人多做事的多，一動手，那一點東西就光了。可惜人多手雜，把家中唯一的一隻熱水瓶砸掉了！」註13

這次搬家，可謂是家庭民主的體現，類似這樣的例子還有不少。聞一多作為一家之主，有時也有家長作風，但可貴的是他能逐漸改掉。一次，立鶴一篇作文沒有寫好，氣得聞一多狠狠訓了他一頓。為這，立鶴三天不出屋，不肯吃飯，一家人都不快活。立雕為大哥抱不平，和父親爭辯。最後聞一多向孩子認錯，說「這是我父親從前所受的教育，而我也施之於你們身上，到今天我才發現這樣教育法錯了，我很瞭解你們，而且希望你們將來待你們的孩子們不要再用我這法子。」全家聽後都笑了。正在吃飯的立雕禁不住眼淚落進飯碗裏，他放下筷子走到翠湖邊，心想爸這麼苦，我們不能因此原諒他嗎？他這麼大年紀，還在向我們學習。

　　聞一多很忙，只有吃飯的時候和家人在一起，所以不少問題都在飯桌上討論。聞名說：「我們的家庭變成民主的家庭，這可以說是爸的一個成功。我們吃飯時往往和爸辯論得面紅耳赤，為了一個問題或一件事，以至於飯都吃不下去了。」這在當時他人家庭生活中，怕是不多見的。

　　走上新的生活後，聞一多常常說民主要首先從自己做起。1945年春天的一個晚上，昆明文藝界一些朋友招待從重慶來的劇友，田漢與安娥也都出席了。聞一多留著一大把鬍子，被人們叫做「老先生」，吃飯時，大家請「老先生」坐上席，聞一多說要民主，大家隨便坐，無分上下。

　　「我們先問問聞先生，在家裏同師母民主不？」安娥是聞一多早年在北京藝專教過的學生，所以略帶頑皮地問。

1945年2月，與西南聯大「悠悠體育會」遊石林時留影

聞一多全家在西倉坡宿舍的
合影（1946年）。左起為
聞立鵬、聞一多、聞立鶴、
高孝貞、聞翻、聞名、趙媽
（保姆）、聞立雕。

「那我是絕對的民主，並尊重女權。」聞一多認真地聲明。
「不過，我內人同我的看法倒不同，比如她給我倒杯茶我接受了，
她覺得很平常。可是我要給她倒一杯，她就神情不安的覺得不對
勁。我怎樣想法子改正她，直到今天還沒改過來。」

聞一多與高孝貞的婚姻是舊式的，起初難說得上美滿。抗日
戰爭促進了中華民族的團結，也改善了聞一多與妻子的關係。在那
艱苦的日子裏，這位大家閨秀忍受著難以想像的貧困，全力支持
聞一多的事業。在昆明，聞一多總勸妻子多休息，鼓勵她出去玩，
甚至到朋友家一住幾天，聞一多也不在意。遇有好的電影，全家出
動，安步當車，來回好幾個小時。聯大和聯大附中有遊藝會，以及
話劇公演、詩歌朗誦，聞一多都陪著高孝貞同去。有時妻子精神不
太好，他就勸駕，讓孩子拉拉扯扯的請了去。逢到交際宴會，只要
允許攜眷，總少不了高孝貞。聞一多離不開妻子了，回到家就問：
「你媽媽呢？」要見不到妻子，就讓孩子去找，直到找著才放心。

立鶴在家裏是大哥，這孩子讓人放心，裏外都爭氣。1945年暑
假，他為了早些為父母分憂，決心從高二跳班考大學。家裏人為他

捏了一把汗，因為若考不取就意味著失學。可是，立鶴一個月把高三的課程攻了下來，8月3日公佈初試成績，他被錄取為聯大第66名。經過復試，立鶴被錄取到聯大外文系。全家人都為他高興，聞一多把美國朋友送給的一

聞一多與高孝貞

支派克鋼筆贈給立鶴，作為獎品。

　　和立鶴和平的性情相反，老二立雕的性格比較倔強，有什麼要求，總是用最簡單最直接的方式說出來，並自信要求是合理的，必須達到。他的胃不好，一次又疼了起來，母親給他準備了碗牛奶，他不喝。聞一多把藥送到聯大附中，他還是不肯吃，氣得聞一多當著眾多同學把他痛罵一頓。立雕胃寒怕冷，高孝貞特意從飯菜中省下些錢為他織了件毛線衣，誰知他看見一位家在南洋淪陷區的朋友沒有衣服，便把毛衣送給他了。母親免不了埋怨幾句，他自辯道：我為什麼要穿那麼多，人家一件也沒有，怎麼過？夜晚沒有被蓋，怎麼成？

　　一次，一個同學交不起伙食費，大家替他湊，立雕也自報了五千元。聞一多聽了，遲疑了一下，說：太多點吧！家裏沒有了，等明天到學校支薪再說。立雕不肯，固執地說：今天必須交出，我特意回來拿的。聞一多有點不高興，說幫助人固然是好事，也得量自己力量，你對朋友那麼慷慨，為什麼一點不體諒自己的父親？立雕不說話，哭了，卻仍不肯走，一定要拿到這筆錢。他心裏明白父親是熱心的。聞一多沒辦法，出去到隔壁家看了下時間（家裏沒有

錄），回來說：「現在三點鐘，還來得及，你拿了我的圖章和媽到學校去支一萬元，拿去五千，剩下的給媽作家用。」聞一多有時和朋友談起立雕，說：「這孩子心軟口硬，心裏什麼都明白，口裏不肯說，有時一僵幾個鐘點，真氣人。」同時又笑道：「五個孩子，只有他脾氣最像我！」

立雕功課平平，可體育很出色，昆明市中學開運動會，他的跳遠、跳高都拿過名次。學習成績雖比不上大哥，可動腦筋卻是全家第一，什麼事都喜歡鑽研兩下，有時不免出點意外。

1945年耶誕節，一位美國朋友送來一些禮物，其中一隻動物形狀的氣球在當時還很稀罕。立雕想起化學課上學到的知識，想用鈉與水產生化學反應釋放出氫氣，把氣球充起來。春節前夕，他不知從哪兒找來一塊鈉，放入盛有清水的茶壺裏，把氣球套在壺嘴上，還用手緊緊按住蓋子。不料迅速膨漲的氫氣竟引起茶壺爆炸，「砰！」壺中液體噴了出來，大妹聞名正在旁邊看哥哥做實驗，新奇地把臉湊近壺嘴，結果滿臉被灼傷。聞一多聽見爆炸聲，趕緊從裏屋出來，吃驚不小。恰巧這時他的清華同窗、聯大化學系教授黃子卿來拜年，立刻讓用醋沖洗面部。聞一多並沒有責備立雕，只是說了句英語成語，意思是「一知半解是最危險的」。

家裏的生活很艱苦，但歡笑聲常常充滿小屋。立鵬和聞名年齡相差不多，與兩個哥哥不同，他倆總是圍在父母膝前。聞一多對他們的要求也比較嚴格，有時間總要檢查作業，批改作文，把日記中的錯別字也一一指出來。唐詩是少兒教育的一部分，幾個孩子都能張口背出不少古詩。聞一多疲勞時，就靠在床上閉目聽立鵬、聞名輪流背誦，不時說那該怎麼讀。對他們的英語也是這樣，聞一多要求語調和發音都要準確，有些詞便是一遍又一遍地糾正過來的。

小妹聞翾有病牙，一次痛了好幾天，吃不下飯。聞一多安慰道：明天叫媽帶你去瞧醫生。可家裏沒錢，事情又忙，忘了。過一

天看見她痛，又許了明天。結果一天天耽擱著。一天晚上下起大雨，孩子又痛得哭了，「爸爸盡騙人，天天説明天」。聞一多矍然驚起，趕忙冒雨到同院熟人家借錢，當著孩子面交給妻子，並對小妹説：「爸爸事忙忘記了，不騙你，明天一定去！」

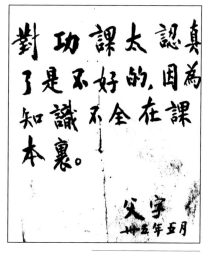

給幼女聞䎃的題字

>>> 注釋

註1：聞一多：《組織民眾與保衛大西南》，《人民的呼聲》（昆明各界雙十節紀念大會專冊）。

註2：該《宣言》原件，中國革命博物館存。

註3：馮夷：《混著血絲的記憶》，引自王瑤的信，《文藝復興》第2卷第4期，1946年11月1日。

註4：《雲南護國起義紀念大會籌備會記錄》原件，中國革命博物館存。

註5：王康：《聞一多傳》第330頁。

註6：轉引自王康《聞一多傳》批331頁。

註7：《聞一多、吳晗等致郭沫若、顧頡剛慰問信底稿》，中國革命博物館存。

註8：《郭沫若致吳晗信》，中國革命博物館存。

註9：《讓民主回到民間去，五四萬人大遊行》，《聯大通訊》第2期，1945年5月21日。

註10：《三十四年五四在聯大》，《聯大八年》第30至31頁。

註11：轉引自王康《聞一多傳》第347至348頁。

註12：聞一多：《五四斷想》，西南聯大悠悠體育會編《五四周年紀念特刊》。

註13：王敬：《聞一多先生和他的家屬》，《人世間》第1卷第5期，1947年7月20日。

第九章　鬥士風采（下）

為了和平民主團結

　　1945年8月10日深夜，電臺播出日本天皇的乞降照會，昆明市民冒著小雨紛紛湧上街頭，屋頂上掛起了各色旗子，全城響起了清脆的爆竹聲。

　　在北郊司家營清華文科研究所處理工作的聞一多，是第二天中午才從趕來報信的聞立鶴口中得知上述消息。第二話沒說，即至附近龍泉鎮理髮館，把留了八年的長髯剃去，實現了他抗戰不勝利不剃鬚的誓言。

聞訊日本投降消息後剃去長髯的聞一多

　　抗戰雖然勝利了，但國共的根本矛盾並沒有解決，許多人都擔心內戰會重演。其時，李公樸意味深長地問聞一多：「你的鬍子是不是剃得早了些？」「那就把它再留起來！」聞一多爽朗地回答。他的鬍子雖然沒有重蓄起來，但又以新的姿態投入了新的鬥爭。

1945年8月14日日本天皇發佈停戰詔書

日本投降簽字儀式

8月14日，日本天皇宣佈無條件投降。當天，聞一多與昆明各界人士聯名發表《告國際友人書》，在呼籲國際友人共同支持中國人民建立一個民主團結的新中國的同時，還明確指出：「擺在中國面前的現實問題是：團結呢還是內戰？民主呢還是獨裁？徹底的勝利還是廉價的和平？」「中國人民堅決地選擇了第一條路──團結勝利的道路，民主的聯合政府的路。」並宣稱：「我們堅信：任何一個單獨的黨派，現在或今後都不能包辦中國的政治。只有主張抗日與民主的各黨各派和無黨無派的人民力量，共同組織一個民主的聯合政府，才能領導人民走向抗日的勝利和戰後的建設。」註1

在慶祝抗戰勝利的一系列活動中，維護國內和平已成為其中的主要旋律。

9月4日，日本正式簽署降書的第二天，聯大、雲大、中法三校學生自治會與民主週刊社、文協昆明分會、中蘇文協昆明分會、自由論壇社、大路週刊社、

聞一多為聯大教授孫毓棠刻印及邊款。時，孫毓棠將赴英國，聞一多特治此印，並在邊款上刻到：「忝與毓棠為忘年交者十有餘年，抗戰以還，居恆相約，非抗戰結束不出國門一步。頃者強虜屈膝，勝利來晚矣，而毓棠亦適以牛津之邀而果得挾勝利以遠遊異域。信乎必國家有光榮而後個人乃有光榮也，承命作印，因附數言以志，欣慰之情，非徒以為惜別之紀念而已也。卅四年九月十一日　一多　於昆明之西倉坡寓廬

人民週報社等團體，在聯大東飯堂舉辦「從勝利到和平晚會」。這是戰後昆明教育界第一次大規模的集會，會場被擠得水洩不通。因為停電，只好點起蠟燭，但這絲毫沒有減少人們的熱情，反倒給會場造成一種突破黑暗的嚴肅氣氛。

會上，以中國共產黨提出的「和平民主團結」為主題，由李文宜女士講「和平」，曾昭掄教授講「民主」，吳晗講「團結」。當雲大教授馮素陶講「勝利」時，混入會場的特務開始搗亂。擔任大會主席的聞一多站在臺上怒斥道：「是對的站出來，誰不主張這個會的站出來，誰不主張和平民主的站出來！」「偷偷摸摸的不算得中國人，不配做中國人。是對的站出來！」台下的聽眾邊鼓掌，邊重複著聞一多的申斥：「站出來！是對的站出來！」[註2]聞一多接著說：「誰不要人民，人民就不要誰！」這兩句話使整個會場激動了，熱烈的掌聲持續了好幾分鐘。[註3]

大會結束前，聞一多宣讀了《昆明教育文化界慶祝勝利大會宣言》。《宣言》鄭重提出「迅速根絕內戰危機」、「酬答人民抗戰

「時代評論社章」，聞一多為昆明民主刊物《時代評論》刻的印章

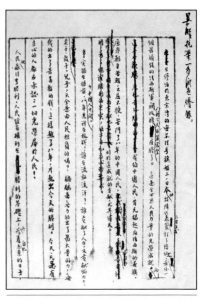

吳晗執筆、聞一多潤色謄錄的《昆明教育文化界對於勝利後國是的意見》手稿

聞一多為雲南龍雲的小兒子創辦的《觀察報》題寫的報名

的功績」、「懲辦戰爭罪犯及破壞抗戰的各種不肖份子」等具體主張。《宣言》最後寫道：「一切勝利屬於人民，一切光榮屬於人民」。「我們已經有了勝利，我們更要和平！要民主！要團結！」註4

反對內戰、爭取和平

1945年8月28日，毛澤東赴重慶與蔣介石舉行和平談

重慶談判時的毛澤東、蔣介石、赫爾利

西南聯大十教授《為國共商談致蔣介石毛澤東兩先生電》

判。談判期間，各界民眾開展了一系列民主活動，希望用人民的願望促進和談成功。聞一多也與西南聯大張奚若、周炳琳、朱自清、李繼桐、吳之椿、陳序經、陳岱孫、湯用彤、錢端升等九位資深教授，於10月1日聯名致電毛澤東、蔣介石，主張立即召開政治協商會議、成立聯合政府、舉行國民大會代表選舉以制定憲法和產生立憲政府。這個十教授電代表了人民的心聲，國內外曾競相轉載介紹。

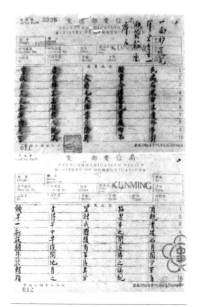

聯大十教授致蔣介石毛澤東電報原件

昆明青年走上街頭，書寫反內戰標語

西南聯大的民主牆上，貼滿了反對內戰的壁報

西南聯大操場，1945年11月25日的反內戰時
事講演即在這個「民主草坪」上舉行

1945年10月10日，國共簽署的會談紀要曾給渴望和平的中國人民帶來了一線光明。然而，雙十協定墨蹟未乾，蔣介石就頒佈了內戰密令。

11月5日，中共中央號召「全國人民動員起來，用一切方法制止內戰」。具有光榮傳統的昆明青年響應中共中央號召，又一次站在了鬥爭的前列。

11月23日傍晚，五位昆明學聯負責人來到西倉坡聯大宿舍，與吳晗和剛剛當選為民盟中央執行委員會委員的聞一多商量籌備「反內戰時事演講會」事宜。

兩年來，聞一多在實踐中鍛練得成熟多了，他不僅懂得了人民民主統一戰線的重要意義，還學會了不少鬥爭方法。自10月3日龍雲被蔣介石陰謀搞下臺後，昆明形勢急轉直下，華崗撤離昆明前曾特別囑咐在鬥爭中要講究策略。想到這兒，聞一多建議說：這樣的會一定要開好，不過演講的人不一定是他自己，是否可

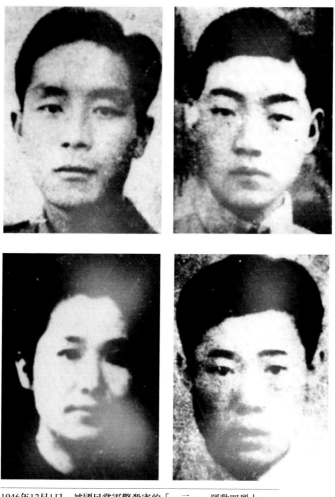

左上：于再
右上：李魯連
左下：潘琰
右下：張華昌

1946年12月1日，被國民黨軍警殺害的「一二一」運動四烈士

請幾位平時態度較為溫和的教授參加。吳晗也表示了相同的意見。這些建議受到學聯的重視。

　　這個晚會本是抗戰期間經常舉行的一種集會，然而新上任的雲南省黨部主任、代理省政府主席李宗黃卻與警備總司令關麟徵、第五軍軍長邱清泉等召集緊急聯席會議，做出了禁止集會的決定。但

是，任何禁令都阻止不了這次民主集會。25日晚六時許，六千多大中學生與各界民眾齊聚在聯大圖書館前的「民主草坪」。聯大、雲大、中法、英專四校學生自治會聯合舉辦的「反內戰時事講演會」終於按計劃召開了。

按照事先商定，聞一多沒有參加這次集會，但也無心寫文章、刻圖章，心思一直牽掛著大會。突然，從學校方向傳來一陣槍聲。原來，這是國民黨第五軍所為。據目擊者説，槍聲一次次打斷了錢端升、伍啟元、費孝通、潘大逵的講演，子彈呼嘯著從人群頭頂上飛過，電線也被割斷，會場不得不燃起汽燈。大會宣佈提前結束，但校門卻被荷槍實彈的國民黨軍隊堵住了，城門也緊閉起來，大多數與會者只好在寒夜裏受凍挨餓。激憤的情緒迅速蔓延，結果促成四大學學生自治會做出罷課抗議的決定。

罷課之初，教授們一致認為當局對集會自由的破壞毫無道理。29日，聯大教授會通過決議：「站在教育立場，對本月25日晚軍政當局行為，認為重大污辱，應依校務會議決定原則加強抗議。」 ^{註5} 會上，推舉聞一多與馮友蘭、張奚若、錢端升、周炳琳、朱自清、趙風喈、燕樹棠八人組成起草抗議書委員會。

但是，誰也沒有料到，12月1日，震驚中外的「一二一慘案」在昆明發生了。數百名武裝軍人和暴徒，有計劃有組織地襲擊了聯大、雲大、中法大學等校，並殘酷地殺害了於再、李魯連、潘琰、張華昌四位青年，50多位青年受傷，馬大猷、袁復禮、錢鍾韓等教授也遭到受辱和毆打。雲大學生自治會被搗毀，中法大學罷委會辦公室門窗都被打碎。

這天，聞立鶴也有一條腿被打傷，一拐一拐回到家。高孝貞勸他在家休息別出門，他回答：「媽媽，我是聞一多的兒子，聞一多的兒子是不能休息的！」

面對慘絕人寰的屠殺，聞一多憤怒到了極點。他義憤填膺地説：

在帝國主義國家裏，鎮壓人民革命的行為，一般人稱之為白色恐怖。這次昆明一二一慘案的暴行，連白色恐怖的資格也不夠，簡直是黑色恐怖，因為白色在字面的意義上講還是純潔的。一二一的暴行是太兇殘醜惡，卑鄙無恥了！事前有周密的佈置，當時是集體的行為，打上大學門來，向徒手學生擲彈，向毫無抵抗的女生連戳數刀，終必置之死地。事後並造謠誣衊學生，弄出一個莫須有的什麼姜凱田凱來。魯迅先生說發生三一八慘案的民國十五年三月十八日是中華民國最黑暗的一天，他不知道還有更黑暗更兇殘的日子是民國三十四年十二月一日！段祺瑞的衛兵是在執政府前向徒手學生開槍，十二月一日的昆明是大隊官兵用手榴彈和刺刀來進攻學校！兇殘的程度更進了一步，這是白色恐怖嗎？這是黑色恐怖。註6

當天晚上，在第一線指導罷課工作的民主青年同盟負責人洪季凱到西倉坡面見聞一多和吳晗，三人都禁不住地淚流滿面，哽咽起來。商量下一步工作時，聞一多、吳晗表示：聯大教授會、民盟，及文化界方面，他們可以負責，民青和罷聯有什麼意見和要求，也可以委託他們辦理。洪季凱則把中共地下黨組織關於如何堅持、擴大鬥爭的部署，向聞一多做了轉達。彼此約定每天互通一次情報。聞一多說：「大事不先和民青商量，決不隨便向外表態。」末了，他還對烈士入殮儀式、靈堂佈置以及成立治喪委員會與法律等問題，提出了具體意見。第二天，罷聯關於上述工作的安排，都是按照這些意見辦理的。註7

「一二一」慘案的發生，把中國的民主鬥爭推到了一個新的階段。12月3日，聯大學生自治會發表《致教師書》，希望教師們一起

罷教，以促使問題得到迅速合理解決。聞一多積極配合，在聯大教授會上提出了罷教案。

12月4日的聯大教授會上，圍繞著罷教問題展開了六個多小時的激烈辯論，最終通過了「停課七天」的決議。停課與罷教在名詞上畢竟有所不同，它帶有某種折衷的成份。不過，決議指出停課的目的是「對死難學生表示哀悼，對受傷師生表示慰問，並對地方當局不法之橫暴措施表示抗議」。這樣，在鬥爭的目的上，停課便形同於罷教，兩者是殊途同歸。對於一個崇尚自由主義的教授群體來講，能統一在這一點上，已是難得可貴的了。《新華日報》對此曾給予極高的評價，說「雲大教授71人聯名聲明，對學生表示同情，聯大全體教授罷教一星期以回應，更是過去任何一次學生運動中所未曾有過的」，師生們「反對內戰要求和平民主的呼聲，反映了全國人民的心意，他們不畏強暴，堅持鬥爭的精神，表現了全國人民的力量」。註8

昆明的「一二一」運動，與全國各地的抗議悼念活動遙相呼應，在國統區形成了抗戰勝利後的第一次民主運動高潮。當時國內外形勢對蔣介石統治集團都很不利，美國出於遠東戰略利益考慮，決定再次出馬調停國共矛盾，杜魯門總統已任命馬歇爾為特使。蔣

郭沫若等重慶民主人士給聞一多及昆明各校罷課聯合委員會的聲援信

介石很清楚，昆明事件如不能在馬歇爾來華前解決，那就意味著在未來談判的天平上加重了共產黨一邊的砝碼。

急於平息事態的蔣介石為了爭取時間，於12月7日發表《告昆明教育界書》，聲稱「一切問題必以恢復課業為前提，以正常手續為解決」，並且威脅說，政府「不能拋棄其維護教育安定秩序之職責」。梅貽琦從北平匆匆返昆途經重慶時，已從教育部獲悉解散聯大之舉正在加緊佈置。正式走馬上任的省政府主席盧漢，也接到重慶密電，內稱15日以後如不復課，政府就斷然解散聯大。面對這種形勢，聯大教授出現分化，一些人主張先行復課，再繼續要求懲凶。

當時，西南聯大教授會的傾向，很大程度上受主持聯大工作的梅貽琦影響，中共地下黨希望能把這位教育家爭取過來，聞一多毫不猶豫地接受了這個任務。後來，他以弟子身份與梅貽琦懇談了四個小時。聞一多先是分析了慘案的經過，說明罷課是不得已採取的手段，並說不論什麼人，在那種場合下都會起來反抗的。梅貽琦聽後為之動容。聞一多接著說：學生中有核心領導，他們顧全大局，熱愛民主，也珍視聯大前途，只要在適合條件下，學生是會復課的。註9這些入情入理的分析，使梅貽琦感到學生的要求確有合理的一面。

聞一多為中法大學學生報辦的《大眾報》題寫的刊名

聞一多在昆明各界慶祝政協成功大會上

走在殯儀隊伍前列的「自由鐘」

出殯大隊經過昆明街頭

19日，在梅貽琦主持下召開的教授會，接受了學生們的基本要求。20日，教授會又通過了學校法律委員會起草的兩份《告訴狀》，向重慶實驗地方法院、國民政府軍事委員會控告李宗黃、關麟徵、邱清泉三人。26日，昆明《中央日報》刊登《梅貽琦常委熊慶來校長舉行記者招待會報告一二一慘案真相》，從而使那些所謂「共產黨煽動」的誣衊之詞不攻自破。

1946年1月10日，政治協商會議在重慶召開，會議通過了有利於民主發展的五項原則，但是，國民黨很多人對這些協議頗有牴觸，遂一手制造了重慶校場口「二一〇慘案」。為了捍衛政協協議，2月17日，政協昆明促進會、全國文協昆明分會、中蘇友協昆明分會、學生報社、中國週報社、民主週刊社等團體發起慶祝政協會議成功、抗議重慶二一〇慘案大會。聞一多擔任了大會主席，並在會上報告開會意義。

一個月後的3月17日上午11時，三萬多昆明各界民眾，

「一二一」四烈士公祭典禮

出殯隊伍出發前，人們舉著「你們死了，還有我們」的木牌

聞一多（左三）與殯儀主席團成員出發前

行進中的出殯隊伍，右二為聞一多

為四烈士舉行大出殯。隊伍從聯大新校舍出發，走在最前面的是「一二一慘案殉難烈士殯儀」大字橫幅。「自由鐘」緊隨其後。由昆明學聯和聯大、雲大等校當局，以及省市商會、機關、團體組成的殯儀主席團在鐘聲下前進，聞一多、吳晗走在主席團中。其後，是寫著「民主使徒」和「你們死了還有我們」12字的12塊大木牌，樂隊吹奏起催人淚下的悲壯樂曲。四烈士的棺木放在四輛馬車上，由人拉著。

　　隊伍從大西門進城，經過市區各主要街道，青雲街、馬市口、大南門、正義路，前衛快到金碧路了，隊尾還在華山西路。人們高舉著標語、輓聯、漫畫，鐘聲震盪著全城，昆明萬人空巷，紛紛湧向街頭送殯。

聞一多和十幾位教授參加了出殯，長達六個小時的行進中，他和吳晗一刻也沒離開過隊伍。光華路、小西門……，下午五時，出殯的人們才回到聯大新校舍。

四烈士的墓地設在校園東北角，墓門是兩根火炬石柱，墓道盡頭石砌的高臺上並排著四個墓穴。墓後是大理石墓壁，上刻聞一多用小篆寫下的「四烈士之墓」。墓壁上還刻著他寫的《一二一運動始末記》，文中敘述了「一二一」運動的經過，後幾段是這樣寫的：

「一二一」是中華民國建國以來最黑暗的一天，但也就在這一天，死難四烈士的血給中華民族打開了一條生路。從這天起，在整整一個月中，作為四烈士靈堂的聯大圖書館，幾乎每日都擠滿了成千成萬扶老攜幼的致敬的市民，有的甚至從近郊數十里外趕來朝拜烈士們的遺骸。從這天起，全國各地，乃至海外，通過物質的或精神的種種不同的形式，不

斷地寄來了人間最深厚的同情和最崇高的敬禮。在這些日子裏，昆明成了全國民主運動的心臟，從這裏吸收著也輸送著憤怒的熱血的狂潮。從此全國的反內戰爭民主的運動，更加熱烈地展開，終於在南北各地一連串的血案當中，促成了停止內戰，協商團結的新局面。

願四烈士的血是給新中國的歷史寫下了最初的一頁，願它已經給民主的中國奠定了永久的基石！

如果這願望不能立即實現的話，那麼，就讓未死的戰士們踏著四烈士的血跡，再繼續前進，並且不惜匯成更巨大的血流，直至在它面前每一個糊塗的人都清醒起來，每一個怯懦的人都勇敢起來，每一個疲乏的人都振作起來，而每一個反動者都戰慄地倒下去！

四烈士的血不會是白流的。

公葬典禮上，百餘團體和學校的代表站滿了墓地。聯大訓導長查良釗主祭，一聲爆竹一句輓歌，一句祭文一聲哀樂。聞一多和錢端升、尚鉞、吳晗、王贛愚等教授作為陪祭，沉痛地為四烈士致哀。聞一多走到墓上，半天說不出話來。他站了好久才說：「今天這四位青年朋友就在這裏安息了，但是我們的路還遙遠得很」，「今天我們在死者面前許下諾言，我們今後的方向是

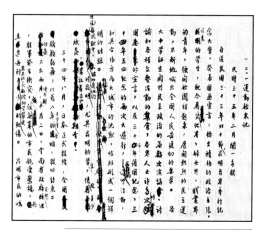

聞一多《一二一運動始末記》手稿

「民主使徒」，一二一運動中為昆明青年演出的戲劇題寫的劇名

「審判前夕」，一二一運動中為昆明青年演出的戲劇題寫的劇名

民主，我們要懲凶，關麟徵、李宗黃，他們跑到天涯，我們追到天涯，這一代追不了，下一代繼續追，血的債是要血來償還的。」[註10]吳晗在致詞中說：墓上有「民主種子」四個字，我覺得這地方應改為「民主聖地」。在歷史上中國有聖地，而今天的聖地是民主的聖地。不久有許多朋友要離開這裏，將來民主的幸福的新中國來臨的時候，我們永不忘記在西南的角落上，有一塊「民主聖地」。

寄語青年

1946年5月4日，五四運動27周年紀念日這一天，西南聯合大學結束了自己的歷史使命。

上午九時，結業典禮在圖書館前隆重舉行，新校舍後面的一座小土丘前，矗立著一座高大碑石，「國立西南聯合大學紀念碑」的篆書碑額，是聞一多的手筆。記錄聯大簡史的碑文，則由馮友蘭撰寫，羅庸書丹。碑的背面鐫有800多位從軍抗戰的同學

名字，代表著聯大對抗日戰爭的貢獻和驕傲。

聞一多沒有參加結業式，他正在出席昆明學聯舉辦「青年運動檢討會」。會上，聞一多多次發言，過去，他的發言總帶有一種躍馬揚鞭之感，可這天講得更多的則是哲理。

在討論「今後中國青年應該做些什麼」時，一位同學問道：青年學生的任務是為了人民大眾，爭取人民大眾的幸福和利益，這是否也就牽涉到政治上去了？多年前，聞一多也曾有過這種想法，現在，也感到有必要向同學們做出解釋。不過，他不是講空洞的道理，而是用回顧歷史的方法來回答問題。他說：「五四運動的初期，教師與同學是一致的。後來，教授的態度漸漸轉變，不同情學生，甚至壓迫學生。他們的理由是『運動漸漸被政黨操縱了』。……當時的政黨不用說就是國民黨。我們知道自從五四運動受國民黨的領導，才轉化成一股政治力量，這政治力量終於打倒了北洋軍閥，完成

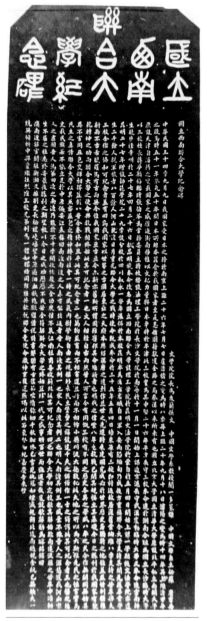

「國立西南聯合大學紀念碑」，碑額為聞一多題寫

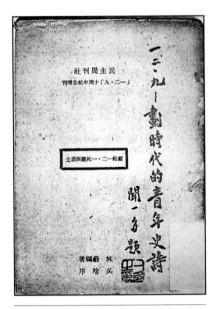

聞一多題寫書名的《一二九——劃時代的史詩》

為民主刊物《原野》題寫的刊名

了國民革命。」停頓了一下，聞一多提高了聲嗓音說：「試問我們今天讀歷史，對於當時國民黨那一著，是否感到無上的欣慰，認為它來得正是時候呢？相反的，假如國民黨不那樣做，五四運動在中國政治上能有今天這樣大的意義嗎？」

說到抗戰的發生，聞一多肯定了中國共產黨的貢獻。他說：「一二九運動也因有共產黨領導，才收到造成七七抗戰書面的結果」，那時，「一二九運動之被人指摘為受黨派利用，也正為五四之受指摘一樣。」

「今天」，聞一多激動地說：「歷史已經證明兩度的同樣的是愚蠢無知，然而今天的歷史偏偏又在重演，愚蠢無知也依然在叫囂。我說青年運動必須轉變為有組織的政治鬥爭，那運動才不算白費」。於是，聞一多得出結論：「青年運動之轉化為有組織的政治鬥爭，也正是青年運動必然的發展。」

自1946年3月17日四烈士出殯後，昆明學生運動暫時告一

聞一多為民主刊物《人民藝術》
題寫的刊名

段落。那麼，新的階段青年們該做些什麼呢？聞一多認為，「必需
也必然逐漸接受甚至尋求有組織的政治團體的領導」，乃是當務之
急。因為經過鬥爭實踐，「必然大部分會退下來，另一部分則正式
參加到一個有組織的政治團體中，形成為更堅強的政治力量」。他
指出：

> 有組織的政治團體今天是存在的，也許不只是一個。問題
> 只在今天的青年是否將響應時代的號召，以比「五四」與
> 「一二九」的青年更堅決的意志、更高度的熱誠，投身到
> 他所應投向的政治團體，完成時代所賦予他的使命。我們
> 應認清歷史的規律，接受歷史的教訓，大膽投向政治。凡
> 是拿「政治」來誣衊或恫嚇青年的，不是無知便是無恥。
> 這些傢夥必將成為未來的歷史上的笑柄，正如「五四」與
> 「一二九」時代他們的同類在過去的歷史上一樣。註11

聯大結束後，清華、北大、南開三校將各自遷回京津原址，
師生陸續復員離開昆明，啟程前總有些人來辭行，並想得到件紀念
物。聞一多那些天更忙了，刻枚圖章，寫幅題字，平時還不顯得吃
力，可此時已被排得滿滿的。

聞一多（前排左六）、吳晗（前排左五）與
昆明建國中學師生合影

為西南聯大經濟系學生黃福海的題字：「君
子不可以不宏毅，任重而道遠」

5月，聞一多在昆華中學教
過的林華昌、張家興、王明等學
生，打算辦一份《今日文藝》的
雜誌，想請聞一多題寫刊頭並寫
點文章。聞一多很喜愛這些進步
青年，1944年中華文藝界抗敵
協會發起援助貧病作家募捐活動
時，昆華中學在班聯會主席王明
的組織下，共募集了38萬元。
聞一多很興奮，特給募捐第一名
的沈其名同學刻了一枚圖章。現
在，聞一多又爽快答應了他們的
要求，沒幾天就寫下《昆明的文
藝青年與民主運動》。他對王明
說：「這是為你們刊物寫的序
言，也是給昆明文藝青年的臨別
贈言，因為聯大很快遷移，我

1944年秋聞一多為昆華中學沈其名同學刻的印章，邊款云：「援助貧病作家紀念　聞一多刻贈」

給中學生育材同學的題字：「天下興亡，匹夫有責」

們要回北方去，對雲南昆明總是很留戀的。」註12

　　這是聞一多為青年人寫下的最後一篇文章。文章説：抗戰八年來昆明人精神上的傷痕最深，「這裏的災難與其説是敵人造成的，無寧説是自家人的賜予」，「為抵抗敵人的侵略而流血流汗，我們心甘情願，但是眼看自己人分明在給自家人造災難，那就不能不使我們惶惑了。」聞一多是敘述自己從前的苦悶，但是他想通了，「我們明白了，於是一個民族的自衛戰爭中，孕育出一個民主自救的運動赤了」。他説：「民主運動是民族戰爭的更高一級的發展，更高的發展是由於更深的體念和更深的覺悟。」

　　「抗戰初期，武漢是民族戰爭的前衛」，那麼，「抗戰末期，昆明是民主運

1946年6月「詩人節「聞一多與昆明文化界朋友遊昆明滇池，前排蹲者右二為聞一多

同前，舉傘者為聞一多

動的先鋒」。聞一多對昆明的文藝運動評價很高，認為「這不是說這裏產生了多少偉大的作家和作品，而是說這裏的文藝工作者是真正為人民服務了的一群。他們一面曾將文藝的種子散播在民間，一面又曾將人民的藝術介紹給都市的知識份子」。聞一多深刻體會到「通過文藝的橋樑」，「詩歌、音樂和戲劇工作者已經開始把農村和都市聯繫起來」，這正是把民主運動擴大到更廣闊的範圍。他斷言道：「今天昆明的文藝工作者的工作成效，也許得見於五年、十年乃至二十年以後，但這成效必然是偉大的。」

聞一多對留在昆明的文藝青年也提出希望，「希望他們認定此地的文藝工作者已經開闢了的道路，繼續為人民服務和向人民學習。」他深情地說；「不要忘記西南的人民，尤其是那些少數民族，是今天受苦難最深的中國農民，也是代表最優良的農民品質的中國農民。」聞一多期望青年勤勞地墾殖這塊廣沃的土地，「把它變成更

堅強的民主力量」，以便「將來廣大的勞動人民的民主運動，也從昆明發軔」，而那時「充當這運動的先鋒的」，也「應該是今天昆明的文藝青年」。

願與你們緊緊地握手

5月31日，滇軍184師在遼寧海城宣佈起義。這是抗戰勝利後第一支起義的師建制部隊，國民黨當局大為震動，而雲南局勢也更加嚴峻。

184師起義後，師長潘朔端等發表公開聲明，自稱是民主同盟第一軍，擁護民盟綱領，願作民盟後盾。與此同時，滇軍第24師奉命出滇，由於擔心被蔣介石吃掉，師長龍繩祖宣佈該師自行解散。國民黨硬將這些事與民盟拽在一起，說這是民盟策動的結果，是民盟搞武裝游擊，破壞大局。為了粉碎這些誣衊，民盟雲南省支部連續召開了三次招待會，公開闡明民盟的觀點。

第一次招待會於6月26日在商務酒店舉行，由聞一多、潘光

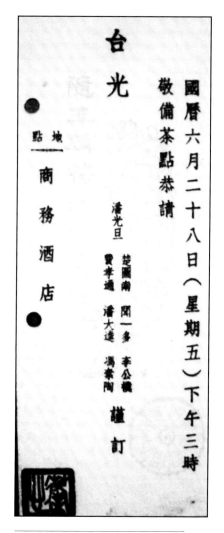

民盟雲南省支部舉行招待會的請柬

旦、李公樸、楚圖南四人主持，招待地方黨政軍警負責人50多位。會上，潘光旦首先報告開會意義，接著，楚圖南以支部主委身份報告民盟的一貫主張和對目前政局的態度，強調「民主團結、和平建國」八字。李公樸報告了民盟的歷史，指出今日中國政黨應有的作風是相互公開的批評，而不是謾罵譭謗，應提倡政黨間的友誼競賽，而不是武力消滅異己。

聞一多的發言頗具學者和詩人氣質。他說，從事學術與教育的自己，之所以參與政治，是因為認識到政治是一種事業，是一種生活的態度或人生的境界。政治原是人類群體生活集中的表現，並以群體愛作為基礎。只有以群體為對象的愛，才是政治，尤其是民主政治的基本精神。說到這兒，他有些激動：「今天乘此機會，願意伸出我們的手來與各位合作。我們的手，雖無縛雞之力，不可能也不願意來威脅利誘別人，但也決不接受別人的威脅利誘。我們並願意以這只滿是粉筆灰、毫無血腥氣的手去扭轉中國的歷史，去促進中國民主政治的實現。註13

在發言時，聞一多離開座席站起來，兩手握著靠背椅子，用老子「一生二，二生三，三生萬物」的哲理，說明民盟的出現和存在是合乎邏輯的，不是人為製造的。他說：「最近在近日樓的牆壁上貼了許多莫須有的標語傳單，有意造謠中傷，甚至於詆毀侮蔑民盟，花樣翻新，不一而足。現在我們公開與各位見面了，讓大家明瞭民主同盟的要求只有八個大字『和平建國，民主團結』，這又有什麼可怕呢！」他的話，給人們的印象特別深刻，許多年後有人還記得他那時講話的聲調和姿勢。

第二次招待會於6月28日下午3時舉行，主持者除原來四人外，又增加了潘大逵、馮素陶、費孝通。80多位來賓，多為文化、教育、金融、實業界賢達，龍雲夫人顧映秋、梅貽琦夫人韓詠華等也應邀參加。

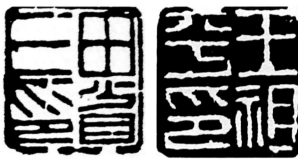

「田省三印」（雲南省支部）　　「王祖平印」（組織部）

聞一多為民盟雲南省
支部刻的代號印章

「楊念萱印」（宣傳部）　　「劉宓」（秘書）

　　主持者報告了開會意義後，雲大教授朱馭歐表示說，他相信主持會的人都是文人學者，因此動機是純潔的，他們的文化水準相當高，所以對一切政治問題的判斷相當正確。他說：「有人說民主同盟是共產黨的尾巴，其實凡是講民主的人誰又免得了被別人戴上帽子。」清華史前期學生、雲南工業協會主席徐佩瑛批評國民黨掌權後變得比別人還壞，並說：「我認為方才聞先生所說的要以教育的態度從事政治，這是非常好的方法，這才能保持政黨的純潔。」一位商界賢達也深有感慨地說：看到一些壁報時，還以為民盟領袖都是些青面獠牙的怪物，今天見面才知道都是文質彬彬手無寸鐵的書生。聽了報告才真正認識了民盟，他們並不可怕，都非常和平。未了，又說：「方才聞先生曾經說過，他們願意伸出他們沾著粉筆灰的手跟社會各

界人士緊緊地握起來。我是商人，我願意第一個伸出我這污穢的手同他們握，……我希望我們士農工商各界都伸出自己的手來緊緊地同他們握著。」[註14]這番話，使會場的氣氛更為和諧、熱烈。

第三次招待會於6月29日在冠生園舉行，出席者為新聞及各期刊負責人三四十人。大家圍繞用何種方式制止內戰、民盟與救國會的關係、民盟對國共談判中軍隊駐區問題的看法、民盟有什麼報刊、美國軍事援華法、馬歇爾及仲裁權等問題展開問答。

當一位記者問：休戰期滿，內戰仍打下去怎麼辦？聞一多回答說：「只要我們要他不打內戰，就打不起內戰，這個『我』，代表每個不是喪心病狂或別有所圖的真正善良的中國人民。每個人堅持這意志，一定會實現勝利的。即使還打，也不能長久。民盟如果說有力量，就正因為他反映而且集中了每個人的內心的意志。」

當人們談到本月14日美國國務卿貝納斯向參議院提出的《美國軍事授華法案》及《中美處置租借法案物資協定》時，聞一多明確表示：「當前美國在華的措施，是違反杜魯門總統對華聲明及莫斯科四國外長會議對華聲明的，也是違反美國人民的意願的。我們可以發動向美國人民控訴美國政府的運動。從美國內部來看，兩個政

《民盟的性質與作風》，刊於1946年7月9日《民主週刊》第3卷第17期

黨間的進步份子及下層平民正將有自由工人聯合的組織，這組織的發展將大有影響於美國未來的政治。所以我們對於外力的作用，不必過高估計。只有堅信自己的意志，把希望寄託在人民身上。」

當記者問到民盟對三人軍事小組中國民黨代表提議賦予馬歇爾仲裁權的看法時，聞一多說：「我不承認武力為真正的力量，人民的意志才是真正的力量。宇宙間只有真理和正義在，有了堅決的信念，便不必為問題之不能馬上解決所苦。還是要長期堅持下去。和平的條件不能具備，則以各種方式和努力去促成它。對於馬歇爾，則同樣盡力，他與我們能有一致的看法。註15

聞一多的這些發言，後來整理成〈民盟的性質與作風〉一文。這是他生前寫下的最後一篇文章，文中還說：「我們要明是非，辨真偽，要以民主為準繩來做兩極之間的公斷人。我們除了牢不可破的對民主的信念以外，沒有任何成見，也不可能有任何成見。」又說：「我們一向是不問政治的無黨派，所以今天問起政治來，只有政治主張而無黨派成見。惟其無黨派無成見，所以我們願意不憚其難的在兩極之間做中間人，而不打算排斥任何一個。惟其有政治主張，所以我們不能做無原則的和事佬，而要在兩極之間，做個明是非、辨真偽的公斷人。」註16

>>> 注釋

註1：《告國際友人書》（傳單），雲南師範大學存。

註2：武雪：《是對的站出來——痛悼聞一多先生》，《新華日報》1946年7月19日。

註3：雨萌：《悼聞一多先生》，《人民英烈》第230頁。

註4：《昆明教育界慶祝抗戰大會宣言》（第三稿），中國革命博物館存。

註5：《西南聯大1945年度教授會第二次會議記錄》，清華大學檔案室存。

註6：《聞一多先生在一二一慘案座談會上的講演詞》，轉引自李何林《黑色恐怖的昆明》，上海《民主》第45期，1946年8月24日。

註7：洪季凱給作者的信。

註8：《中國青年的光榮》，《新華日報》社論，1945年12月9日。

註9：鄭伯克：《回顧一二一運動》，《一二一運動》第353頁。

註10：右江：《你們死了還有我們》，于再先生紀念委員會編《一二一民主運動紀念集》第183頁，鎮華出版社1946年11月出版。

註11：《青年運動檢討會》，昆明《學生報》第15期，1946年5月12日。

註12：王明：《難忘的教誨，深切的懷念》，《雲南蒙自政協通訊》第2期，1986年7月16日。

註13：潮：《中國民主同盟雲南省支部招待各界茶會記》，《民主週刊》第3卷第16期，1946年7月1日。

註14：王青：《願與你們緊緊的握手——民盟支部第二次招待會記》，《民主週刊》第3卷第17期，1946年7月9日。

註15：《一切力量的源泉——人民》（民盟招待會第三日記），《民主週刊》第3卷第17期，1946年7月9日。

註16：聞一多《民盟的性質與任務》，《民主週刊》第3卷第17期，1946年7月9日。

第十章　血染的詩篇

古樸的北平,幽靜的清華園,常常引起聞一多無限的懷念。水木清華的新南院72號,有他種下的小草、松牆,特別是那挺拔的翠竹,帶著一股剛強不屈的性格,使人總在掛念。1945年初冬,陳岱孫回北平接收清華園,問聞一多有什麼事要代辦。「你看看我那屋前的竹子,還在不在?」後來,陳岱孫回信說:不但在,還很茂盛!聞一多笑了。聞一多也時常眷戀著故鄉,兩年前胞弟聞家駟向他討個條幅,聞一多當即寫下陶淵明的「眾鳥欣有托,吾亦愛吾廬」。然而,誰能想到,他再也看不到清華園的翠竹,再也回不到生於斯養於斯的望天湖的老宅了。

妻子患有甲狀腺炎,引起嚴重的心臟病。為了免去路上顛簸,聞一多決定乘飛機返北平。家裏能賣的都賣了,也是為湊機票錢。可飛機票很難買,全家只

聞一多讀《新華日報》(1946年6月)

聞一多與趙渢（中共地下黨員、民盟雲南省支部秘書長）在民主週刊社

1946年7月11日，李公樸先生在昆明被國民黨特務暗殺身亡

得分批北上。6月20日，學校分配給兩張機票，聞一多讓立鶴、立鵬兩人先飛重慶，在那裏等全家到齊後再一起回北平。孩子出門前，聞一多用省吃儉用的錢買了兩瓶維他命，叮囑路上要注意身體。兩個孩子走了，他們怎能想到這竟是與父親的永別。

還在這年五四節的時候，雲大圍牆上曾貼出「中國民主大同盟」的標語，上面咒罵民主人士，把聞一多叫「聞一多夫」，把羅隆基叫「羅隆斯基」。近日樓附近的標語，還揚言要用40萬元賣聞一多的頭。聞一多冷笑，「我的頭那麼值錢嗎？」外間還風傳李公樸回昆明，是要和聞一多等組織暗殺公司。朋友和同事都為聞一多擔心，說還是早些離開好。7月6日，余冠英來辭行，臨行再三再四說：「你還是早些走罷，越早越好！」聞一多不語，只是含笑點點頭。註1

深夜一點鐘，兩個青年匆匆敲開西倉坡宿舍大門，報告李公樸遇刺後正在雲南大學醫院搶救的消息。正在生病的聞一多一

骨碌從床上爬起來，不顧高燒，拿了手杖就要去雲大醫院。妻子和報信的青年急忙拉住，「太晚了，街上沒什麼人，你又病著，出去也許有什麼意外，等天亮再去」。死死拽了半天，好容易按住，但他再也睡不著。清晨5時左右，聞一多趕到雲大附屬醫院。楚圖南、尚鉞也趕到了。但是晚了，李公樸已於4點多鐘閉上了雙眼，他最後一句話是「天快亮了吧」。

李夫人張曼筠撫屍痛哭。聞一多的淚也不住地流淌，他一字一頓地說：「公樸沒有死！公樸沒有死！」半晌，聞一多哽咽著吩咐女同學安慰李夫人，自己則與楚圖南等趕往民主週刊社。在緊急會議上，當即做出三項決定：對外發電公佈李公樸事件、擬定抗議書送達警備司令部、籌組治喪委員會。討論前兩項時，有人主張措詞籠統溫和些，以免過於刺激。聞一多不同意，主張在聲明中毫不含糊地指出這是國民黨所為。這種在極端恐怖形勢下的原則堅定性，給在場者留下深刻印象。註2

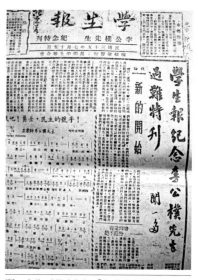

聞一多為《學生報》「紀念李公樸先生遇難特刊」題寫的報頭

聞一多為李公樸被害的題詞：「鬥士的血是不會白流的，反動派，你看見一個倒了，可也看得見千百個繼起的人！」

接著又傳來消息，說將遭暗殺的第二號人物就是聞一多。朋友勸他少外出，政府決心蠻幹，什麼意外都可能出現。聞一多理解大家的心情，但表示「李先生為民主可以殉身，我們不出來何以慰死者。」他還提筆寫下：「鬥士的血是不會白流的。反動派！你看見一個倒了，可也看得見千百個繼起的！」

夜裏，一個盟員特來報信，說三青團某人傳出消息，稱南京已給昆明警備司令部和憲兵第十三團等機關發來密令，中有「中共蓄謀叛亂，民盟甘心從亂，際此緊急時期，對於該等奸黨份子於必要時得便宜處置」等字句，並說警備司令霍揆彰已奉令佈置，決定首批暗殺四人，逮捕十餘人，均為民盟負責人。

幾天來，恐怖氣氛籠罩著西倉坡聯大宿舍。門前總有人鬼鬼祟祟，門房一會來通話「有個老太婆要見聞先生」，一會又來說「一個戴呢帽的青年要見聞先生」。幾個特務樣的人竟公然問院子裏的人聞一多穿什麼衣服，長得什麼樣，有沒有鬍子？有個40歲上下、自稱叫張柴靜的瘦高女人，還闖進聞一多的家，一進門就拿出本聖經，指著裏面的「易多」兩字對聞立鶴說：「多是兩個『夕』字，夕是太陽快落山了。」她還曾給聞一多和潘光旦留下一封信，上面歪歪扭扭錯字連篇寫著：「你若知悔，速將你們的志士約齊，聽你老娘教導你們聽，……我不是早告訴你們，有很嚴重的慘殺在不多的一日要發現……。」註3

一連串的刺激和擔憂，加重了高孝貞的心臟病。她忍不住懇求丈夫：「你不要再往外面跑了，萬一出了什麼事，這麼一大家人，我的身體又是這個樣子，可怎麼辦好啊！」聞一多沉默了一會，慢慢地說：「現在好比是一隻船，在大海裏遇到了狂風惡浪，越在這種時候，越要把住舵，才能轉危為安。」話聲不大，卻那麼有力量。

7月15日上午，民盟雲南省支部將在雲南大學至公堂召開李公樸殉難經過報告會。幾天來恐怖的氣氛令人窒息，朋友們為了安全

起見，不讓聞一多出席。可是，他怎能放棄申張正義的責任，爭來爭去，最後達成協定：只出席，不發言，並派人接送。

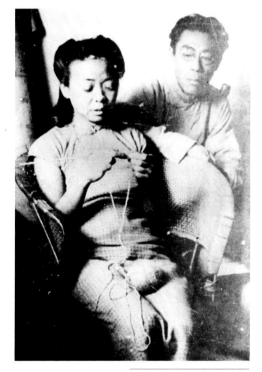

聞一多與妻子高孝貞

清晨，又有人來告知黑名單的事絕對可靠，讓聞一多千萬小心。聞一多則鎮定如常地說：「假如因為反動派的一槍，就畏縮不前，放下民主工作，以後誰還願意參加民主運動，誰還信賴為民主工作的人。」擔任護送的楊希孟同學來了，見聞一多已穿好洗得灰白的長衫，在屋裏等候著。

小楊剛走出院門，就發現對面牆角下站著一個穿西裝、戴禮帽的大漢。西倉坡東口也有一個瘦猴臉、穿美式夾克的傢伙。聞一多鄙夷地掃了他們一眼，把拐杖使勁往地下一戳：「走！」說完即昂首跨出大門。

小楊緊緊貼在聞一多的身邊，前面十幾步是瘦猴臉，後面的是西裝大漢。對面這種架勢，小楊不免有點緊張，聞一多卻不相信特務敢把他怎麼樣，他還神情自如地和小楊攀談，說下午有個記者招待會，明天李公樸的火葬儀式在雲大操場舉行，自己也要參加。

西倉坡是條狹窄僻靜的小巷，特務要下手，這兒是最合適的地方。為了防止意外，聞一多輕聲對小楊道：「你離我遠一點，不

要和我並排。」他不願讓一個無辜的青年跟著自己同遭毒手。小
楊想：前面的傢伙已快出巷了，就是下手也得轉過身，容易被人注
意，危險的倒是後邊的大漢。想到這兒，小楊放慢腳步，讓聞一多
走前幾步，自己則用身子擋住大漢的視線。聞一多扭過頭看了小楊
一眼，慈祥的目光中帶著一絲責備。

　　大漢被小楊壓在身後，聞一多很快出了西倉坡，走上人來人往的
翠湖北路。特務們怕目標顯眼，沒敢動手，只得悻悻跟蹤進了雲大。註4

　　至公堂裏，李公樸夫人聲淚俱下地報告李公樸被刺經過，她
說：「他在死前，就知道隨時可以死。他出街時和我說，『我今天
跨出了這道門，不知道能否跨進來』」。又說：「他雖死，但他的
精神沒有死，他雖沒有了生命，但劊子手卻沒有了人性！」註5

　　李夫人悲痛欲絕，泣不成聲，再也講不下去，會場一片寂靜。
主持人沒料到這種情況，不知如何是好。看到這種的場面，聞一多
鎮靜了一下，走上前去扶著李夫人坐下，隨後即席做了著名的最後
一次講演。

　　　這幾天，大家曉得，在昆明出現了歷史上最卑劣、最無恥事
　　情！李先生究竟犯了什麼罪？竟遭此毒手，他只不過用筆寫

寫文章，用嘴說說話，而他所寫的，所說的，都無非是一個沒有失掉良心的中國人的話！大家都有一隻筆有一張嘴，有麼理由拿出來講啊！有事實拿出來說啊！為什麼要打要殺，且又不敢光明正大的來打來殺，而偷偷摸摸的來暗殺！（鼓掌）這成什麼話？（鼓掌）

此時，會場的情緒從悲痛轉向憤怒，混入會場的特務們卻嬉皮笑臉，故意做出怪樣子。聞一多大吼道：

今天，這裏有沒有特務？你站出來，是好漢的站出來！你出來講，憑什麼要殺死李先生？（厲聲，熱烈地鼓掌）殺死了人，又不敢承認，還要誣衊人，說什麼「桃色案件」，說什麼共產黨殺共產黨，無恥啊！無恥啊！（熱烈地鼓掌）這是某集團的無恥，恰是李先生的光榮！李先生在昆明被暗殺，是李先生留給昆明的光榮！也是昆明人的光榮！

去年「一二一」昆明青年學生為了反對內戰，遭受屠殺，那算是年輕的一代獻出了他們的血，獻出了他們最寶貴的生命！現在李先生為了爭取民主和平，而遭受了反動派的暗殺，我們驕傲一點說，這算是像我這樣大年紀的一代，我們的老戰友，獻出了最寶貴的生命。這兩樁事發生在昆明，這算是昆明無限的光榮！（熱烈地鼓掌）

反動派暗殺李先生的消息傳出後，大家聽了都搖頭，我心裏想，這些無恥的東西，不知他們是怎麼想法？他們的心理是什麼狀態？他們的心是怎麼長的？其實很簡單，他們這樣瘋狂的來製造恐怖，正是他們自己在慌啊！在害怕啊！所以他們製造恐怖，其實是他們自己在恐怖啊！特務們，你們想想，你們還有幾天，你們完了，快完了！你們以為打傷幾

個，殺死幾個，就可以了事，就可以把人民嚇倒了嗎？其實廣大的人民是打不盡的，殺不完的，要是這樣可以的話，世界上早沒有人了。你們殺死了一個李公樸，會有千百萬個李公樸站起來！你們將失去千百萬的人民！你們看著我們人少，沒有力量。告訴你們，我們的力量大得很！多得很！看今天來的這些人，都是我們的人，都是我們的力量！此外還有廣大的市民！我們有這個信心：人民的力量是要勝利的，真理是永遠存在的。歷史上沒有一個反人民的勢力不被人民毀滅的！希特勒，墨索里尼不都在人民之前倒下去了嗎？翻開歷史看看，你還站得住幾天！你完了，快完了！我們的光明就要出現了。我們看，光明就在我們的眼前，而現在正是黎明之前那個最黑暗的時候。我們有力量打破這個黑暗，爭到光明！我們的光明，就是反動派的末日！（熱烈地鼓掌）

反動派故意挑撥美蘇的矛盾，想利用這矛盾來打內戰。任你們怎麼樣挑撥，怎麼樣離間，美蘇不一定打呀！現在四國外長會議已經圓滿閉幕了。這不是說美蘇間已沒有矛盾，但是可以讓步，可以妥協。事情是曲折的，不是直線的。我們的新聞被封鎖著，不知道美蘇的開明輿論如何抬頭，我們也看不見廣大的美國人民的那種新的力量在日漸增長。但是，事實的反映，我們可以看出。

第一，現在司徒雷登出任美駐華大使，司徒雷登是中國人民的朋友，是教育家，他生長在中國，受的美國教育。他住在中國的時間比住在美國的時間長，他就如一個中國的留美生一樣，從前在北平時，也常見面，他是一位和藹可親的學者，是真正知道中國人民的要求的。這不是說司徒雷登有三頭六臂，能替中國人民解決一切，而是說美國人民的輿論抬頭，美國才有這轉變。

其次，反動派幹得太不像樣了，在四國外長會議上，才不要中國做二十一國和平會議的召集人。這就是做點臉色給你看看，這也說明美國的支持是有限度的，人民的忍耐，和國際的忍耐也是有限度的。

李先生的血，不會白流的。李先生賠上了這條性命，我們要換來一個代價。「一二一」四烈士倒下了，年輕的戰士們的血，換來了政治協商會議的召開。現在李先生倒下了，他的血要換取政協會議的重開！（熱烈地鼓掌）我們有這個信心！（鼓掌）

「一二一」是昆明的光榮，是雲南人民的光榮。雲南有光榮的歷史，遠的如護國，這不用說了。近的如「一二一」，都是屬於雲南人民的，我們要發揚雲南光榮的歷史！

反動派挑撥離間，卑鄙無恥，你們看見聯大走了，學生放暑假了，便以為我們沒有力量了嗎？特務們！你們錯了！你們看看今天到會的一千多青年，又握起手來了，我們昆明的青年決不會讓你們這樣蠻幹下去的！

歷史賦予昆明的任務是爭取民主和平，我們昆明的青年必須完成這任務！

我們不怕死，我們有犧牲的精神，我們隨時像

1946年8月2日《民主週刊》第3卷第19期上刊登的〈聞一多同志不朽的遺言〉（即〈最後一次的講演〉）

李先生一樣，前腳跨出大門，後腳就不準備再跨進大門！（長時間熱烈地鼓掌）^{註6}

這是聞一多的最後一次即席演說。面對反動派苟延殘喘的倡狂反撲，聞一多橫眉怒對，表現了不畏強暴的民族英雄氣概。他的怒斥既是人民的吼聲，也融進了他人格和生命的結晶。演說時而深沉，時又鋒利，有議論也有抒情，處處扣人心弦。若說它是向敵人的投槍，那它也是激勵人民的戰鼓。「前腳跨出大門，後腳就不準

位於昆明府甬道的民主週刊社

民主週刊社辦公處

備再跨進大門」，這句李公樸説過的話經聞一多的重申，已成為對民主事業視死如歸的千古名言，深深鐫刻在中國革命史的冊頁上。

報告會後，下午聞一多又與楚圖南、尚鉞一起在民主週刊社召開記者招待會，再次向新聞界表明民主的願望和信心，要求報界把李公樸被刺真相公佈於世。

下午5點多，記者招待會後，聞一多與前來接他的長子聞立鶴走出民主週刊社。這裏距家不過200多公尺。他們買了份《復興晚報》，邊走邊看。府甬道不長，出了這條舊府學門前的路，西拐就是西倉坡。西倉坡平日行人不多，此時更像死一般的寂靜。宿舍大門已看見了，再有十多步就到家了。

突然，槍聲大作，20響快慢機與左輪手槍吐出罪惡的子彈。潛伏的，跟蹤的特務一齊開槍，聞一多後腦、胸部、手腕連中十餘彈。他下意識地抱住頭，身子一軟，倒了下去、鮮血從身上噴泉般湧出，染紅了土地。聞立鶴聽到槍聲，立刻本能地撲向父親，想用自己的身體抵擋射來的子彈。他高聲喊：

聞一多殉難處

聞一多殉難處豎立的紀念碑

昆明丁字坡，聞一多被送往雲南大學醫院途中，鮮血流淌在這條道上

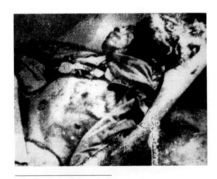

聞一多的遺體

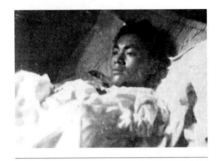

聞一多的長子聞立鶴為了掩護父親，撲在聞
一多的身上，也遭到國民黨特務的擊傷。圖
為聞立鶴在雲大醫院

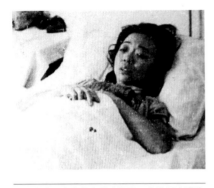

聞一多夫人高孝貞心臟病復發，住進雲大醫院

「兇手殺人了，救人啊！」又一陣子彈打在立鶴身上，毒狠的特務連這個18歲的大學一年級學生也不放過。立鶴身中五槍，腿被打斷，肺部滿是槍眼，一顆子彈離心臟僅半寸。

聞一多的傷是致命的，送到雲南大學附屬醫院，他的心臟已停止了跳動。躺在行軍床上的聞一多被抬到一間小平屋門前。血，積在行軍床上，又滲下去落在地上，再流進旁邊的花圃。四處很安靜，47年前，他也是如此平靜地來到這個世界，現在，他又心底無私地升入天堂。

聞一多用自己的生命，為中華民族的獨立解放，為中國革命事業英勇奮鬥的一生，譜寫了無比壯麗的詩篇。

聞一多被刺後，長女聞名和幼女聞翿把浸滿父親鮮血的泥土捧起來，放入一個小布袋。她們不相信父親就這樣走了。

7月17日，毛澤東、朱德給聞一多夫人發來唁電：「驚悉一多先生遇害，至深哀悼。先生為民主而奮鬥，不屈不撓，可敬可

聞一多夫人高孝貞，後改名高真

毛澤東、朱德的唁電

聞立鶴，1948年奔赴解放區時改名高克

《新華日報》刊登的聞一多被刺消息

佩。今遇奸人毒手，全國志士，必將繼先生遺志，再接再厲，務使
民主事業克底於成。」

　　7月17日，《新華日報》衝破重重障礙，率先報導了聞一多被
刺的消息。同日，《新華日報》和延安《解放日報》分別發表了
〈抗議聞一多教授的被刺殺〉和〈殺人犯的統治〉的社論。

7月17日，周恩來代表中共代表團在上海舉行記者招待會，向國民黨提出嚴正抗議。

7月24日，西南聯大舉行聞一多追悼會。聞夫人因心臟病復發住進雲大醫院，聞立鶴亦受重傷，聞立雕、聞立鵬則於6月先行赴重慶。結果只有聞名一人代表家屬參加。

聞一多犧牲的消息震動了昆明，前往雲南大學醫院叫弔唁的人群絡繹不絕。

7月26日，延安各界召開追悼李公樸、聞一多，反內戰反特務大會。

圖上：周恩來在上海舉行記者招待會
圖下：聞名在西南聯大舉行的追悼會上

《新華日報》社論

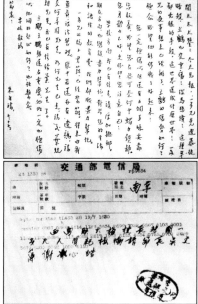

圖一：到雲南大學醫院弔唁的人群
圖二：各地的唁電唁函
圖三：朱自清的唁函
圖四：吳文藻、冰心給聞夫人的唁電

圖一：中國民主同盟主席張瀾唁函
圖二：羅隆基的唁函
圖三：胡適、薩本棟、李濟、梁思成、傅斯年聯名給聞夫人的唁電抄件

朱德在延安各界追悼李聞，反內戰反特務大會上講話

7月17日，重慶《大公報》、《時事新報》、《世界日報》、《商務日報》、《新民報》、《新華日報》、《民主報》、《國民公報》、《西南日報》九大報紙同日刊登聞立雕、聞立鵬的《誰殺死了我的爸爸！？》

聞立雕、聞立鵬在重慶追悼會上

　　7月28日，重慶各界6000餘人隆重舉行李公樸、聞一多追悼會。1200多件輓聯、花圈，沿著長街擺出幾里。祭臺上橫寫著「民主之魂」四個大字，兩旁的挽幛上寫著「以身性命爭取民主，用力和血奠定和平」。

　　10月4日，中國共產黨、中國民主同盟、國民黨及上海各界5000千餘人，在天蟾大舞臺聯合舉行追悼大會。

上海追悼大會會場外景

鄧穎超在上海追悼會上

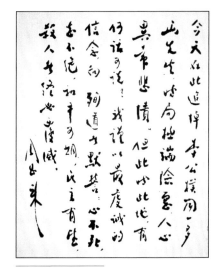

周恩來的悼詞

　　鄧穎超代表周恩來出席了上海的追悼大會，並宣讀了周恩來親筆悼詞：「今天在此追悼李公樸、聞一多兩先生，時局極端險惡，人心異常悲憤。但此時此地，有何話可說？我謹以最虔誠的信念向殉道者默誓：心不死，志不絕，和平可期，民主可望，殺人者終必覆亡！」

　　10月6日，上海各界在靜安寺為李公樸、聞一多舉行公祭。

　　聞一多的壯烈獻身，贏得了人民的愛戴。1946年10月10日，清華辛酉級同學集資150萬元，在清華園工字廳後荷花池畔修建起「聞亭」。

　　1947年7月20日，清華大學舉行聞一多死難周紀念會。

1946年10月6日，上海各界在靜安寺為李公樸、聞一多舉行公祭

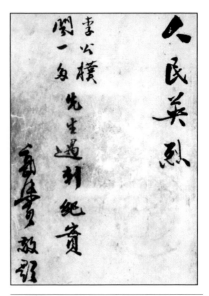

郭沫若題寫書名的《人民英烈》

《新華日報》報導上海各界追悼會的消息

清華「聞亭」。該亭為梁思成設計，「聞亭」二字為潘光旦題寫

　　聞一多犧牲後，在高孝貞的堅持下，西南聯大在「一二一」四烈士墓前修建了聞一多的衣冠塚。

　　李聞血案在國際上也引起強烈反響。8月10日，美國總統杜魯門以私人通信方式致函蔣介石，除對中國未能採取切實步驟實行政協協議表示失望外，還強調美國民眾對國民黨政府壓制輿論、制造

南京《中央日報》1946年7月18日刊登的蔣介石命令唐縱赴昆督辦李聞慘案的消息。

南京《中央日報》1946年7月28日刊登的顧祝同、張鎮等飛昆消息。

南京《中央日報》1946年8月26日刊登的判決凶犯湯時亮、李文山處死，霍揆彰革職看管的消息

暗殺深為不滿，並警告到：「倘若中國內部之和平解決辦法，不即於短期內表現真實進步，則美國輿論對中國之寬宏慷慨態度勢難繼續，且本人必須將美國立場重新審定。」[註7]國內外的輿論，使蔣介石感到「實為我政府莫大之恥辱」[註8]。但他更擔心的是這些血案會被中共「污陷之宣傳」，於是下令「徹究其兇手」[註9]，先派警察總署長唐縱赴昆明調查，繼派陸軍總司令顧祝同全權處理善後。最後，查明這兩起血案均為雲南省警備總司令霍揆彰一手策劃，蔣介石不得不忍痛將其革職看管，並槍斃了兩個執行暗殺的小特務。

聞一多的肉體離開了人世，但他的精神仍激勵著人們，他的人格成為鼓舞人們奮發的符號。人們深深懷念著他！

聞一多死難周年紀念會部分與會者合影。左起為
潘光旦夫人、聞名、高孝貞、吳晗、張奚若、潘光
旦、朱自清、李廣田

2007年12月7日本書作者在雲南省蒙自縣南
湖畔聞一多塑像旁。

吳晗在清華大學大禮堂聞一多死難周紀
念會主席臺上

雲南師範大學「民主廣場」上的聞一多塑像

1955年10月8日毛澤東簽署的烈屬證

高真逝世後，按照她的遺願，骨灰與聞一多合葬。圖為2003年8月高真誕辰100周年時的聞一多、高真合葬墓

八寶山革命公墓的聞一多墓

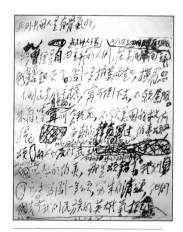

毛澤東《別了，司徒雷登》的手跡

建在西南聯大原址（今雲南師範大學）校園「一二一」四烈士墓前的聞一多衣冠塚

清華大學「聞亭」下的聞一多塑像

蒙自縣聞一多紀念亭與紀念碑

蒙自縣「聞一多先生紀念碑」銘文

浠水縣「聞一多紀念館」內的塑像

武漢大學校園內的聞一多塑像

青島大學原址（現中國海洋大學）的「一多樓」與聞一多塑像

　　中國共產黨和中國民主同盟給予聞一多極高評價。毛澤東在〈別了，司徒雷登〉一中説：「聞一多拍案而起，橫眉冷對國民黨的手槍，寧可倒下去，不願屈服」，「我們應當寫聞一多頌」。

　　全國解放後，毛澤東以中華人民共和國主席名義，給高孝貞簽署的烈屬證書。

　　聞一多的骨灰被安放在八寶山革命公墓。

　　聞一多殉難一周年時，郭沫若在《聞一多萬歲》中預言到：「普天四海將要看見無數金的石的石膏的木的聞一多。」是的，聞一多的雕像已在北京清華園、在武漢珞珈山、在昆明雲南師大校園、在青島海洋大學、在邊陲重鎮雲南蒙自縣、在他的家鄉湖北浠水縣，一個接一個地聳立起來了。聞一多雖死猶生！

　　在台灣，聞一多的學術著作首先進入大學講堂，許多人從他的研究著述中了解和認識了他。1999年10月，國立清華大學中文系召開了紀念聞一多百年誕辰學術研討會。2009年11月24日，國立政治大學歷史系、台灣文學發展基金會、《文訊》雜誌社，又聯合舉辦了「紀念聞一多先生誕辰110週年座談會」。這證明，海峽兩岸以同樣的感情，懷念一位永生的人！

蒙自縣聞一多紀念
碑上的浮雕

每年清明節，
昆明少先隊員
都到聞一多衣
冠塚前掃墓

2009年11月24日台灣紀念聞一多誕辰110週
年座談會菊全

台灣紀念聞一多誕辰110週年座談會部分與會者合影

>>> **注釋** --

註1：余冠英：《我和聞一多先生最後的一次見面》，北平《民主週刊》第10期，1946
　　　年9月有2日。

註2：張子齋：《聞一多頌》，《思想戰線》1979年第5期。

註3：李漫：《聞太太及聞小姐談聞一多同志被刺前後》，《民主週刊》第3卷第19期，
　　　1946年8月2日。

註4：楊希孟：《真正的猛士》，《雲南盟訊》1981年第7、8合刊；訪問楊希孟刻記
　　　錄，1987年11月17日。

註5：《張曼筠女士講李公朴同志對死的觀感》，《民主週刊》第3卷第19期，1946年8
　　　月2日。

註6：《聞一多同志不朽的遺言》，《民主週刊》第3卷第19期，1946年8月2日。

註7：《美國總統杜魯門致蔣介石密函》，朱彙森主編《中華民國史紀要》，1946年7月
　　　至12月分冊，台北：國史館，1990年，第356-357頁。

註8：《李聞在昆被刺案，主席嚴令緝凶，政院派唐縱赴昆督辦，並通令保障人民安
　　　全》，《中央日報》（南京），1946年7月18日，第2版。

註9：《蔣介石日記》（手稿），1946年7月17日，美國斯坦福大學胡佛研究中心存。

年譜

1899年

11月24日，生於湖北省蘄水縣（今浠水縣）巴河鎮聞家鋪子。名亦多，族名家驊，字友三。後，入學時之學名為單字「多」，至清華學校後方改名為「一多」。

1910年（11歲）

赴武昌，入兩湖師範學堂附屬高等小學校。

1911年（12歲）

武昌起義爆發，毅然剪去辮子。後將起義見聞畫成圖畫，圖中人物皆擁護共和。

1912年（13歲）

冬，考取北京清華留美預備學校。時，該校學生按程度編級，新生多編入二三年級，而編入中文五年級者僅其一人。

1913年（14歲）

9月，因英文跟不上，自動留級。因該級高等科畢業為辛酉年（1921年），故習稱辛酉級。

11月，發起課餘實習會，任副會長，並任會刊《課餘一覽》編輯。

參與編寫反映武昌起義的趣劇《革命軍》，演出時飾革命黨人。此類活動以後甚多。

1914年（15歲）

6月，發表古文《名譽談》，反對獨善其身，主張為社會做貢獻。

夏，參加圖畫校外寫生團，水采畫尤佳，深受美術教師賞識。

1915年（16歲）

6月，繪畫獲全級第一名，作品曾選送巴拿馬博覽會參展。

11月，《清華年報》（後改名《清華週刊》）創刊，被校方指定擔任美術副編輯，其後又擔任中文編輯。

12月，為熟悉西方制度，辛酉級舉行「演裝國會」，任國會主席。

參與創辦貧民小學。

1916年（17歲）

5月，發表《論振興國學》，倡導「葆吾國粹，揚吾菁華」。

12月，發表《新君子廣義》，主張道德修養。

1917年（18歲）

6月，主編之辛酉級中等科畢業紀念刊《辛酉鏡》出版，內有自傳《聞多》。

9月，欲赴法國作華工譯員，但受學校阻止未成行。

1918年（19歲）

11月，北京學界為慶祝第一次世界大戰協約國勝利，在天安門舉行提燈遊行。作古詩《提燈會》，稱參加第一次世界大戰的各方為「強狼」。

1919年（20歲）

5月，五四運動爆發，連夜書寫岳飛詞《滿江紅》。運動中被推選為清華學生代表團成員，負責文書草擬等工作。

6月，代表清華學生赴上海參加全國學生聯合會大會。大會期間聆聽到孫中山先生的講演。

7月，譯文《臺灣一月記》發表，記述臺灣民眾反抗日本侵略的鬥爭。

9月，發起清華美術社。

11月，開始作新詩，後連續作十餘首，結集為《真我集》。

12月，代表辛酉級參加清華學生的第一個永久性自治機關清華學生會工作。

1920年（21歲）

3月，與潘光旦、吳澤霖、聞亦傳成立旨在討論社會改良的「⊥社」。

12月，與浦薛鳳、楊廷寶、梁思成等發起提倡美育、研究具形藝術的團體「美斯司」。

1921年（22歲）

2月，任改革後的《清華週刊》集稿部主席。

6月，放洋前夕參加聲援抗議「六三慘案」活動，為執行北京學聯決議，寧肯放棄留學亦堅持罷課，後被給予留級一年處分。

11月，與梁實秋、顧毓琇等成立清華文學社，開展新文學創作與評論。

1922年（23歲）

2月，與高孝貞結婚。蜜月中完成《律詩的研究》。

7月，赴美留學，入芝加哥美術學院學習西洋美術。

9月，作詩《太陽吟》、《憶菊》，說：我想的不是狹義的「家」，「我想的是中國的山川，中國的草木，中國的鳥獸，中國的屋宇——中國的人」。

11月，評俞平伯詩集的《〈冬夜〉評論》同梁實秋評康白情詩集的《〈草兒〉評論》合為《〈冬夜〉〈草兒〉評論》作為清華文學社叢書第一種出版，郭沫若讀後說「如在沉黑的夜裏得見兩顆明星」。

1923年（24歲）

6月，評郭沫若詩集《女神》之《〈女神〉之時代精神》與《〈女神〉之地方色彩》發表，闡述對新詩發展方向的理解與意見。

4月，長詩《園內》發表，極力運用色彩。

7月，獲芝加哥美術學院最優等名譽獎。

9月，轉學到科羅拉多大學。

第一部詩集《紅燭》由上海泰東圖書局出版，詩集表現了遊子思鄉的感情和對祖國的眷戀與熱愛。

1924年（25歲）

7月，為振興國家、振興民族，與清華留美同學中的志同道合者共同發起提倡國家主義的「大江會」。

9月，轉學到紐約藝術學院。

10月，參加英文古裝劇《楊貴妃》在紐約的公演，大獲成功，遂立志從事戲劇改良。

1925年（26歲）

3月，參與籌備紐約華僑組織的孫中山追悼大會，所繪孫中山先生像置會場正中。後又作長詩《南海之神——孫中山先生頌》。

5月，為振興祖國的戲劇事業，提前回國。

6月，為抗議五卅慘案，到北京後連續發表愛國詩歌《醒呀！》、《七子之歌》、《我是中國人》、《洗衣歌》等。

8月，加入新月社。

10月，經徐志摩介紹，出任北京藝術專門學校教授兼教務長。上任後，與趙太侔、余上沅共同創辦了劇曲科，這是國家教育機關建立的第一個戲劇專業。

12月，代表大江會參與發起「北京國家主義團體聯合會」。

1926年（27歲）

3月，為抗議三一八慘案，作《唁詞——紀念三月十八日的慘劇》、《文藝與愛國——紀念三月十八日》等詩文，強調文藝應與愛國相結合。

4月，參與創辦《晨報・詩鐫》。隨後發表《詩的格律》、《死水》等，認為新詩應當重視格律，提出詩歌需具有音樂美、繪畫美、建築美的「三美」理論。

秋，至上海，任國立政治大學教授兼訓導長。

1927年（28歲）

春，在武漢參加國民革命軍，任總政治部宣傳科藝術股股長兼英文秘書。

4月，「四一二政變」後，發表《心跳》、《發現》、《一個觀念》等詩。

7月，與胡適、徐志摩、梁實秋、余上沅等在上海創辦新月書店。後，新月書店出版《新月月刊》，任編輯。此間，還發表了不少譯詩，並將十四行詩定名為「商籟體」，得到學術界承認。

9月，國立第四中山大學（後改名為中央大學）成立，任教授兼外國文學系主任。

1928年（29歲）

1月，第二部詩集《死水》由新月書店出版。

9月，武漢大學成立，任教授兼文學院院長，並將學校新址羅家山改名為「珞珈山」，延用至今。楚辭研究，也是從武大開始的。

1929年（30歲）

6月，武漢各界舉行孫中山奉安典禮，代武漢大學作祭文。

1930年（31歲）

9月，青島大學成立，任教授兼文學院院長、中文系主任。

經胡適推薦，受聘為中華教育文化基金編譯委員會會員。

1931年（32歲）

1月，詩《奇跡》發表，徐志摩說這「是一多『三年不鳴，一鳴驚人』的奇跡」。

11月，青島大學因九一八事變發生學潮，因不贊成學生南下請願，受到學生攻擊。

1932年（33歲）

6月，因堅持學分淘汰制，再次引發學潮，受到學生攻擊。

8月，應清華大學之聘，回母校任中文系教授。決心「向內發展」，從事古典文學研究。

1933年（34歲）

3月，承德淪陷，華北危急。在清華教授會上主張蔣介石應「自責」。

1934年（35歲）

5月，與葉公超合編的《學文》雜誌創刊，欲為《新月月刊》之繼續。

《匡齋尺牘》開始陸續發表，各篇均為重要學術心得。

9月，《天問‧釋天》發表，郭沫若曾特別指出該文考據之新穎。

1935年（36歲）

7月，《〈詩‧新台〉「鴻」字說》發表。郭沫若稱這篇訓詁論文糾正了兩千多年來以不通為通的疏漏。

1936年（37歲）

7月，為研究契文赴河南觀看甲骨發掘。又為作《杜甫傳》至洛陽考察。

10月，出席清華文學會舉行的魯迅追悼會，稱魯迅是「除了文章以外還要顧及國家民族永久前途的人」。

12月，清華為西安事變召開教授會，在會上主張譴責張學良、楊虎城。

1937年（38歲）

1月，《詩經新義》開始發表。

6月，主編之清華大學中國文學會會刊《語言與文學》創刊。

7月，盧溝橋事變爆發，遂南下至武漢。

10月，抵長沙，任西南聯合大學教授。時，北京大學、清華大學、南開大學合組為長沙臨時大學，文學院設在南嶽衡山。

1938年（39歲）

2月，長沙臨時大學再遷昆明，參加學生的湘黔滇施行團步行前往。4月28日，抵昆明，歷時68天，全程33300餘里。途中蓄鬚，發誓抗戰不勝利不剃去。時，長沙臨時大學更名為西南聯合大學，文學院暫設在邊城蒙自縣。

5月，至蒙自。為學術研究足不出戶，鄭天挺贈其雅號「何妨一下樓主人」，全校皆知。

9月，28日日本飛機首次轟炸昆明，頭部負傷。

1939年（40歲）

2月，西南聯大師生排練的抗戰話劇《祖國》在昆明上演，負責舞臺設計與製作。

7月，邀請曹禺來昆導演《原野》，並主持該劇舞臺設計。

10月，休假一年，為避日機轟炸，全家搬至滇池南端的晉寧縣，繼續從事上古文學研究。

1940年（41歲）

9月，任清華大學中文系主任。

10月，《樂府詩箋》開始發表。

11月，作《怎樣讀〈九歌〉》，詳細分析《九歌》中的250餘處「兮」字。

1941年（42歲）

7月，清華文科研究所成立，任該所中國文學部主任，所址在昆明郊區龍泉鎮司家營。為了工作方便，全家搬到研究所。

10月，《周易義證類纂》發表。該文不主象數，不涉義理，而依社會史料性質分類。

1942年（43歲）

3月，《楚辭校補》出版，次年獲教育部學術二等獎。

12月，《伏羲考》中之《引論》、《從人首蛇身談到龍與圖騰》發表，用人類學方法探求中華古老文化的源頭，朱自清稱此種方法「實在給我們學術界開闢了一條新的大路」。

1943年（44歲）

3月，讀蔣介石《中國之命運》。後來說：此書「公開向五四挑戰，我是無論如何受不了的」。

9月，開學後的第一堂課上，讚揚解放區詩人田間的詩。11月又發表《時代的鼓手——讀田間的詩》。其後，連續發表《復古的空氣》、《家族主義與民族主義》、《可怕的冷靜》等雜文，抨擊時弊。

與聯大英籍教授羅伯特·白英合作進行《中國新詩選譯》工作。

12月，發表《文學的歷史方向》，主張勇於接受外來文化。

1944年（45歲）

1月，因物價飛漲，為維持生活而掛牌治印。

4月，擔任西南聯大「新詩社」導師，提出「不僅要寫新詩，更要作新的詩人」。

任昆華中學高中三年級國文兼任教員，並遷居昆中校內。

5月，在西南聯大社會學會、歷史學會聯合舉辦的「五四紀念座談會」上號召「裏應外合」，再次打倒孔家店。又與羅常培教授共同主持聯大國文學會舉辦的「五四文藝晚會」，並發表《新文藝與文學遺產》講演，指出「現在的問題不單是白話文學的爭辯，而是新文學要與思想打成一片，才能有左右社會的作用」。

6月，美國副總統華萊士訪問昆明，在座談會上公開表示對國民黨政策的不滿。

參加華崗發起的「西南文獻研究會」。此後，陸續讀到《新民主主義論》、《論聯合政府》等中國共產黨的文獻。

7月，作《八教授頌》，「計畫是要和教授階級算帳」。

出席西南聯大聯壁報協會與雲南大學等校學生自治會舉辦的「抗戰七周年時事座談會」，主張在現時局勢下學生不妨「鬧一鬧」。

8月，出席國民黨第五軍召開的「目前形勢下中國的反攻問題」座談會，會上說：「現在只有一條路——革命！」

當選為中華全國文藝界抗敵協會昆明分會常務理事，旋響應總會號召，開展援助貧病作家募捐活動。

9月，當選為西南聯大教授會教授代表，並當選為教授會議書記，直接參與學校決策。

　　秋，加入中國民主同盟。不久便當選為民盟雲南省支部委員，兼任《民主週刊》編委。

　　10月，擔任昆明各界「雙十節紀念大會」主席團成員。會上發表《組織民眾與保衛大西南》演講。

　　出席西南聯大、雲南大學學生的魯迅逝世八周年紀念會，會上公開承認過去自己錯了，並向魯迅遺像鞠躬致歉。

　　12月，在昆明文化界紀念護國起義29周年大會上作《護國起義與民主政治》演講。

　　協助中共地下黨員和進步青年籌組「民主青年同盟」。

1945年（46歲）

　　1月，全家搬到西倉坡聯大宿舍。

　　發表《什麼是儒家──中國士大夫研究之一》，認為「儒家是一個居於矛盾的兩極之間的緩衝階層的後備軍」。

　　4月，與昆明教育、文化界人士聯名慰問遭國民黨當局迫害的郭沫若、顧頡剛。

　　5月，在西南聯大學生舉辦的五四紀念周活動中，相繼發表《婦女解放問題》、《歷史是我們的指標》等演說，和《五四運動的歷史法則》、《五四斷想》、《人民的世紀》等文。

　　6月，發表《人民的詩人──屈原》。

　　7月，與昆明文化界人士聯名發表《致國民參政會電》，指出國民參政會不能代表民意，根本沒有召開的必要。目前的關鍵是擴大人民民主運動，促成正式民意機關之建立。

　　8月，日本投降，聞訊後立即剃去蓄了八年的長髯。

　　聯合發表《告國際友人書》，要求建立聯合政府，呼籲美英蘇法及各國人民幫助中國制止內戰。

10月，與西南聯大資深教授張奚若、周炳琳、朱自清、李繼桐、吳之椿、陳序經、陳岱孫、湯用彤、錢端升聯名致電蔣介石、毛澤東，要求立即召開政治協商會議，共商成立聯合政府。

中國民主同盟召開臨時全國代表大會，會上當選為中央執行委員。

11月，昆明學生在西南聯大舉行反內戰時事晚會，國民黨包圍會場，導致全市學生總罷課。受西南聯大教授會委託，與馮友蘭、張奚若等草擬抗議書。

12月，一二一慘案發生。為殉難四烈士題詞：「民不畏死，奈何以死懼之！」又撰寫《一二一運動始末記》。

再度當選民盟雲南省支部委員，任宣傳部長兼青年委員會主任委員，旋兼民主週刊社社長。

1946年（47歲）

1月，與潘光旦、費孝通、吳晗聯名發表《致馬歇爾將軍書》，重申取消獨裁，實行民主等主張。

2月，聯名致函慰問在重慶校場口慘案中受傷的郭沫若、李公樸等人士。

3月，參加昆明學聯舉行的「一二一」四烈士公葬儀式。

為西南聯大各文藝團體醞釀成立的「藝聯」題詞「向人民學習」。

5月，觀看圭山區彝族樂舞演出，並題詞：「從這些藝術形象中，我們認識了這民族的無限豐富的生命力。」

6月，與民盟雲南省支部負責人連續主持招待會，闡明民盟對於時局的主張與立場。後將發言整理成《民盟的性質與任務》發表。

7月12日，李公樸被刺，遂題詞：「鬥士的血是不會白流的。反動派，你看見一個倒了，可也看得見千百個繼起的人！」

　　15日，在李公樸殉難經過報告會上，即席發表《最後一次的講演》。當天下午，在舉行畢記者招待會後回家途中，遭國民黨特務狙擊，壯烈犧牲。

　　18日，遺體火化，後於「一二一」烈士墓前修建了衣冠塚。1951年7月15日，民盟中央在北京八寶山烈士公墓舉行了隆重的骨灰安葬儀式，並決定將7月15日作為民盟烈士紀念日。

後記

　　本書是在河南人民出版社2005年1月出版之《聞一多畫傳》基礎上修改而成。在此之前，我曾撰寫過《聞一多傳》（人民出版社，1992）、《聞一多年譜長編》（湖北人民出版社，1994）兩部書，還與父親、母親、叔叔一起編纂了大型圖冊《詩人‧學者‧民主鬥士：聞一多》（中國攝影出版社，1996）。由於這些書主要面向專業學者，於是我一直想編一本圖文並茂的普及性著作，以便適合更多的人閱讀。這個願望，在聞一多誕辰100周年前夕完成了，但因各種原因，出版推遲了五年。其後，我又陸續收集到一些珍貴檔案和照片，由此產生了修訂《聞一多畫傳》的念頭。

　　2009年春，叔叔聞立鵬不知從哪兒獲知台靜農先生還保存有家祖的幾封信函，讓我請臺灣朋友幫助尋找。但是，在我熟悉的臺灣人脈裏，大多我和一樣從事歷史研究與教學工作，而與文學界少有來往。當時，謝泳兄剛從臺灣返回，熱情介紹了秀威資訊科技股份有限公司的蔡登山先生。蔡先生十分爽快，馬上找了台靜農的兒子，雖然證實台先生並未存有家祖的信函，但我與他卻因此而建立友誼。當年10月，我到國立政治大學歷史學系訪問，剛剛安頓好，蔡先生就冒雨來到政治大學新苑學人會館與我會面，並帶我參觀了他所在的公司。公司總經理宋政坤先生對家祖仰慕已久，待我尤其熱忱。

在臺灣的兩個月裏，我與蔡登山先生多次暢談，親密無間。11月24日，政治大學歷史系、臺灣文學發展基金會、《文訊》雜誌社聯合舉辦「紀念聞一多先生誕辰110周年座談會」，蔡先生不僅參加了會議，還做了精彩的主題發言。會後，我說起在臺灣訪問的一些感受，其中之一便是由於兩岸隔絕多年，臺灣對家祖的瞭解還有待加強。同時，我也試探地提出，能否在臺灣出版繁體版的《聞一多畫傳》。蔡先生爽快地說這是件好事，於是促成了這本修訂增補了一些重要內容的《聞一多：涅槃的鳳凰》。

這裏，我衷心感謝宋政坤先生的慷慨和氣度，感謝蔡登山先生的熱情與認真，他們的胸懷給了我許多溫暖。我還要感謝責任編輯邵亢虎先生，因為直到本書發排之前我還在修改，是邵先生的寬宏打消了我的惴惴不安。

最後，需要說明的一點是，由於本書受原始框架限制，結構上不易做較大調整，致使後來在臺灣發現的材料難以融入其中。不過，作為一種普及性讀物，這些失缺在所難免，想必能夠得到讀者的諒解。

聞黎明

2010年3月26日
旅次於昆明雲南師範大學靜廬

參考文獻

資料、檔案

《聞氏宗譜》，敦本堂，1916年

聞名、王克私編：《聞一多書信選集》，人民文學出版社，1986

孫黨伯、袁謇正主編：《聞一多全集》，湖北人民出版社，1993

《辛酉鏡》（清華學校1921級中等科畢業級刊），清華學校，1917

《人民的呼聲》（昆明各界雙十節紀念大會專冊），1944

《從勝利到和平時事晚會記錄》，油印本，1946

除夕社編：《聯大八年》，西南聯大學生出版社，1946

中共雲南省委黨史資料徵集委員會、中共雲南師範大學委員會編：
　　《一二一運動史料彙編》，中共黨史資料出版社，1988

莊任秋：《一個星期的日記》，《近代史資料》總60號，中國社會科學
　　出版社，1986

李聞二烈士紀念委員會編：《人民英烈》，1948

聞一多手稿（北京圖書館藏）

清華大學檔案

雲南師範大學檔案

中國革命博物館檔案

中國社會科學院近代史研究所檔案

中央研究院近代史研究所檔案
中央研究院歷史語言研究所檔案
國史館檔案

回憶錄

王康、王子光編：《聞一多紀念文集》，三聯書店，1980
梁實秋：《談聞一多》，臺灣傳記文學出版社，1967
顧毓琇：《水木清華》，清華大學出版社，1994
李璜：《學鈍室回憶錄》，臺灣傳記文學出版社，1978
馮友蘭：《三松堂自序》，三聯書店，1984

著作

季鎮淮：《聞朱年譜》，清華大學出版社，1986
陳凝：《聞一多傳》，民享出版社，1947年
王康：《聞一多傳》，湖北人民出版社，1979
劉烜：《聞一多評傳》，北京大學出版社，1983
聞黎明：《聞一多傳》，人民出版社，1992
聞黎明、侯菊坤編：《聞一多年譜長編》，湖北人民出版社，1994

報紙、雜誌（1949年前）

《申報》、《晨報》、《時事新報》、《文匯報》、《聯合晚報》（昆明）、《新華日報》（重慶）、《解放日報》（延安）、《雲南日報》、《雲南晚報》、《民國日報》（昆明）、《中央日報》（昆明版）、《掃蕩報》（昆明）、《正義報》（昆明）、《學生報》（昆明）、《大公報》（重慶）、《益世報》（昆明）

《清華週刊》、《清華大學年刊》、《清華大學學報》、《大江季刊》、《現代評論》、《武漢大學週刊》、《青島大學週刊》、《民主週刊》（昆明）、《自由論壇》（昆明）、《當代評論》（昆明）、《今日評論》（昆明）、《時代評論》（昆明）、《今日文藝》（昆明）、《聯大通訊》（昆明）

訪問

聞家駟、冰心、吳澤霖、顧毓琇、陳衡粹（余上沅夫人）、沈從文、臧克家、尚鉞、馮素陶、潘大逵、李何林、王振華、張光年、王健（李公樸女婿）、馮至、卞之琳、吳徵鎰、金若年、楊紹廷、袁永熙、王康、王瑤、季鎮淮、范寧、彭蘭、蕭荻（施載宣）、洪德銘（洪季凱）、王剛（王樹勳）、王松聲、楊明、楊希孟、王明（王子伯）、黎智（聞立志）

國家圖書館出版品預行編目

聞一多：涅槃的鳳凰 / 聞黎明作. --
　　一版. -- 臺北市：秀威資訊科技, 2010.07
　　面；　公分. -- （史地傳記類；PC0113）
　BOD版
　參考書目：面
　ISBN 978-986-221-470-1 （平裝）

　1.聞一多　2.傳記

　782.886　　　　　　　　　　　　99007467

史地傳記　PC0113

聞一多：涅槃的鳳凰

作　　　　者／聞黎明
主　　　　編／蔡登山
發　行　人／宋政坤
執 行 編 輯／邵亢虎
圖 文 排 版／陳湘陵
封 面 設 計／陳佩蓉
數 位 轉 譯／徐真玉、沈裕閔
圖 書 銷 售／林怡君
法 律 顧 問／毛國樑　律師
出 版 印 製／秀威資訊科技股份有限公司
　　　　　　台北市內湖區瑞光路583巷25號1樓
　　　　　　電話：02-2657-9211　傳真：02-2657-9106
　　　　　　E-mail：service@showwe.com.tw
經　銷　商／紅螞蟻圖書有限公司
　　　　　　台北市內湖區舊宗路二段121巷28、32號4樓
　　　　　　電話：02-2795-3656　傳真：02-2795-4100
　　　　　　http://www.e-redant.com

2010 年 7 月　BOD 一版
定價：280 元

讀 者 回 函 卡

感謝您購買本書,為提升服務品質,煩請填寫以下問卷,收到您的寶貴意見後,我們會仔細收藏記錄並回贈紀念品,謝謝!

1.您購買的書名:_____

2.您從何得知本書的消息?

　　□網路書店　□部落格　□資料庫搜尋　□書訊　□電子報　□書店

　　□平面媒體　□ 朋友推薦　□網站推薦　□其他_____

3.您對本書的評價:(請填代號　1.非常滿意 2.滿意 3.尚可 4.再改進)

　　封面設計____　版面編排____　內容____　文/譯筆____　價格____

4.讀完書後您覺得:

　　□很有收獲　□有收獲　□收獲不多　□沒收獲

5.您會推薦本書給朋友嗎?

　　□會　□不會,為什麼?_____

6.其他寶貴的意見:_____

_____

_____

_____

讀者基本資料

姓名:_____　年齡:_____　性別:□女 □男

聯絡電話:_____　E-mail:_____

地址:_____

學歷:□高中(含)以下　　□高中　□專科學校　□大學

　　　□研究所(含)以上 □其他_____

職業:□製造業 □金融業 □資訊業 □軍警 □傳播業 □自由業

　　　□服務業 □公務員 □教職　□學生 □其他_____

秀威與 BOD

BOD（Books On Demand）是數位出版的大趨勢，秀威資訊率先運用 POD 數位印刷設備來生產書籍，並提供作者全程數位出版服務，致使書籍產銷零庫存，知識傳承不絕版，目前已開闢以下書系：

一、BOD 學術著作—專業論述的閱讀延伸
二、BOD 個人著作—分享生命的心路歷程
三、BOD 旅遊著作—個人深度旅遊文學創作
四、BOD 大陸學者—大陸專業學者學術出版
五、POD 獨家經銷—數位產製的代發行書籍

BOD 秀威網路書店：www.showwe.com.tw
政府出版品網路書店：www.govbooks.com.tw

永不絕版的故事・自己寫・永不休止的音符・自己唱